노동 없는 민주주의의 인간적 상처들

노동 없는 민주주의의 인간적 상처들

1판1쇄 | 2012년 10월 20일
1판2쇄 | 2012년 10월 30일
2판1쇄 | 2013년 3월 20일
2판3쇄 | 2017년 6월 15일

지은이 | 최장집

펴낸이 | 정민용
편집장 | 안중철
편집 | 강소영, 윤상훈, 이진실, 최미정

펴낸 곳 | 후마니타스
등록 | 2002년 2월 19일 제300-2003-108호
주소 | 서울시 마포구 양화로6길 19, 3층 (서교동)
전화 | 편집_02.739.9929/9930 영업_02.722.9960 팩스_0505.333.9960

블로그 | humabook.blog.me
페이스북 | humanitasbook
인스타그램 | humanitasbook
트위터 | @humanitasbook
이메일 | humanitasbooks@gmail.com

인쇄 | 천일_031.955.8083 제본 | 일진_031.908.1407

값 10,000원

ⓒ 최장집, 2013
ISBN 978-89-6437-176-3 03300

이 도서의 국립중앙도서관 출판시도서목록(CIP)은 e-CIP홈페이지(http://www.nl.go.kr/ecip)와
국가자료공동목록시스템(http://www.nl.go.kr/kolisnet)에서 이용하실 수 있습니다.
(CIP제어번호: CIP2013001411)

노동 없는 민주주의의 인간적 상처들 　최장집

후마니타스

• 표지 그림과 본문 삽화는 민명기와 송윤석이 제공했다.

차례

서문 6

1부. 삶의 현장에서 보는 한국 민주주의

1. 일용직 노동자들의 감춰진 상처들 16
2. 현대차와 노동 없는 생산 체제의 문제 24
3. 장위동 봉제 공장에서 34
4. 전주 덕진의 자활 센터를 다녀오다 42
5. 공덕동 재래시장에서 52
6. 농업과 농민 문제를 다시 생각한다 60
7. 청년들의 노동조합, 청년유니온 70
8. 다시, 변화의 중심에 선 젊은 세대 78
9. 이주 노동자, 합법과 불법 사이에서 88
10. 누가 신용 불량자 문제를 만들었는가 96

2부. 노동 있는 민주주의를 위하여

1. 무엇이 어떻게 잘못되었는가 114
2. 민주주의의 발전과 시민권 124
3. 한국 민주주의가 가야 할 길 138

〈강연〉 청년 문제는 노동문제이고 정치 문제다 151

서문

*

우리 사회에서 민주화의 진정한 수혜자는 누구라고 할 수 있을까? 1960년대 이후 '압축적 산업화'를 이끌었고, 1980년대 '운동에 의한 민주화'에 헌신했던 노동자인가?

**

'노동자'라는 명칭이 갖는 이데올로기적 편견으로부터 벗어나 현실을 있는 그대로 본다면, 노동자는 어느 사회에서든 가장 중요한 생산자 집단이다. 우리가 선진국이라고 부르는 나라들은 대부분 임금 소득으로 생활을 영위하는 사람이 경제활동인구의 90퍼센트 안팎을 차지한다.

자영업자의 비중이 예외적으로 큰 우리나라도 임금 소득자의 비중은 70퍼센트에 이른다. 자영업자 가운데 자신과 가족노동에 의존해 최저 수준의 소득을 얻는 영세 자영업자가 대부분이라는 사실을 감안한다면, 우리 역시 자신의 노동으로 삶을 운영해야 하는 사람들이 절대다수라 할 수 있다.

우리가 권위주의와 싸우면서 민주화에 걸었던 가장 큰 기대는, 정치적으로 자유롭고 경제적으로 공정한 분배가 이루어지는 사회가 되었으면 하는 것이었다. 그런데 그런 기대와는 달리, 민주화 이후 시간이 갈수록 노동자들이 시장 상황에 무력하게 휘둘리는 종속적인 지위로 빠져들게 될지는, 누구도 예측하기 힘든 일이었다.

다른 정부도 아닌 김대중-노무현 정부를 거치면서, 비정규직 노동자의 규모가 정규직에 맞먹을 정도로 확대되었다는 단 하나의 사실만으로도, 우리 사회에서 노동자의 사회경제적 존재 조건이 얼마나 취약해졌는가는 잘 드러난다.

1990년대까지만 해도 노동운동은 보통 사람들의 삶의 현실과 그들의 권익을 대표하는 것으로 표상되었다. 적어도 민주주의를 지지하는 사람들 사이에서 그들의 정당성과 도덕성은 도전받거나 의심될 수 없는 것이었다. 그러나 한국의 노동운동은 더 이상 그런 위상을 갖고 있지 못하다.

갈등과 혼란은 도처에서 목격된다. 지향하는 투쟁의 목표와 방식을 달리하는 세력들 사이에서, 일반 노동자와 노조원 사이에서, 노조원과 노조 지도부 사이에서, 재벌 대기업 본사의 정규직 노동자와 하청 기업의 비정규직 노동자 사이에서, 노조에 의해 보호되는 노동자와 영세 중소기업에 광범하게 산재해 있으면서 보호되지 못하고 있는 불안정 노동자 사이에서 누적된 갈등은 여러 형태로 표출되었다.

노동은 모든 사회 구조물의 기반을 이루는 힘이다. 경제성장도 시장도 재벌 대기업도, 그리고 민주 정부도 모두 노동에 기반을 두고 서있다. 따라서 노동의 위기를 말하게 되었다는 것은, 곧 위기의 한국 경제, 위기의 한국 민주주의, 위기의 한국 사회를 걱정하지 않으면 안 되게 되었다는 것과 다르지 않다.

노동 없는 경제, 노동 없는 시장으로 달려 나가는 한국 사회의 '바닥으로의 질주'가 계속된다면, 민주주의도 경제도 유지될 수가 없다. 민주주의의 발전을 위해서라도, 민주주의 자체를 잘 제도화하고 실천할 뿐만 아니라, 그것이 서있는 사회경제적 기반을 튼튼히 하는 데에도 최대한 노력하지 않으면 안 될 것이다.

지속적인 경제성장을 위해서도, 성장 그 자체뿐만 아니라 성장이 지속적으로 뒷받침될 수 있는 공동체적 결속을 다져야 한다. 그것은 사회 발전의 성과물을 좀 더 공정하게 배분하고, 공존을 위한 사회적 윤리를 창출하는 공동체 위에 시장과 경제를 올려놓는 것이라고 말할 수 있다. 그 핵심에 노동이 위치해 있다.

노동의 시민권이 노사 관계와 정당 체제에서 취약해질 때 그것의 부정적 효과는 사회 전반의 공동체적 결속을 해체시키는 것으로 나타날 수밖에 없다는 것, 노동이 배제되면 노동자만 배제되는 것이 아니라 사회 주요 이익 모두가 배제된다는 것, 이 책이 말하고자 하는 바를 한마디로 요약하자면 바로 여기에 있다.

***

이 책의 1부는 자신의 노동으로 삶을 이끌어야 하는 평균적 시민의 모습을 담으려 했다. 각각의 글들은 2011년 8월부터 2012년 5월 말까지 10개월에 걸쳐 『경향신문』에 연재된 바 있는데, 그 글들을 책의 형태에 맞게 고쳐 썼다.

필자가 만난 사람들 혹은 필자가 들여다본 사람들의 삶은, 새벽 인력시장에 나온 일용직 노동자로 시작해 봉제 공장 노동자들과 대기업 노동자를 거쳐 기초 생활 보장 수급자들과 이주 노동자, 그리고 재래시장 상인들, 농민과 청년 비정규직, 신용 불량자에 이르기까지, 우리 사회의 대다수를 차지하는 중하층의 삶이었다.

참여 관찰의 경험을 통해 '현장'을 갖게 된 것은 무척 보람 있는 일이었다. 사회 연구를 직업으로 삼고 있는 사람에게 이보다 더 가치 있는 자산은 없을 것이다. 그러나 '학문하는 즐

거움'만으로 사람들을 만났다고 한다면 그것은 사실이 아닐 것이다.

현지 조사를 위해 전주의 지역 자활 센터, 성남의 새벽시장, 경기도 광주의 비닐하우스 농장, 가리봉동의 이주 노동자 지원 기관, 울산의 현대자동차 공장을 방문하는 등 낯선 사람들을 지속적으로 만나 인터뷰하는 것은 물리적으로 힘이 들었다. 또한 아무리 남의 삶이라도, 결핍과 고통을 들여다보는 것은 정신적으로도 괴로운 일이 아닐 수 없었다.

그럴 때마다 스스로 새겼던 것은 '뒤늦게 인생 공부 많이 하는구나.' 하는 생각이었다. 인간의 삶이란 무엇인가를 생각하면서 깊이를 알 수 없는 상념에 빠지는 일도 많았다.

인간존재의 비극적 운명에 무너지지 않고 싸울 수 있는 힘은 어디에서 나오는 것일까를 많이 생각해 본 시간이었다.

****

이 책의 2부는 노동의 시민권이 억압되거나 배제되지 않는 민주주의가 되어야 평화롭고 자유로운 공동체에 가까이 갈 수 있다는 필자의 생각을 말하고 있다. 특히 김대중-노무현 정부 때의 잘못을 되돌아보며 만약 진보 세력이 다시 집권한다면 같은 잘못을 되풀이하지 않았으면 하는 바람을 말하고 싶었다.

물론 이런 필자의 견해가 새로운 것은 아니다. 김대중-노무현 정부가 집권하고 있던 당시에도, 뭔가 잘못되고 있다는 의견을 이미 여러 차례 피력한 바 있다. 2002년 출간된 『민주화 이후의 민주주의』와 2005년 출간된 『위기의 노동』이 대표적이었고, 그 밖에 김대중-노무현 정부가 이래서는 안 된다는 점을 다양한 형태로 말하고 또 말했다.

이명박 정부에 들어와 사태가 개선되리라고 기대했다면 아마도 그것은 망상에 가까운 일이었을 것이다. 예상했던 대로 김대중-노무현 정부에서 급진적으로 추진된 신자유주의적 경제정책과 사회정책은 계승·확대되었다. 그에 따라 불평등은 심화되었고 소외되고 배제된 세력들의 항의도 커졌다.

오늘날 여당이든 야당이든 모두가 갑자기 경제민주화를 말하고 비정규직 문제 해결과 복지국가를 소리 높여 말하고 있다. 필자가 이를 좋게만 생각할 수 없는 것은, 그것이 정당들 간에 존재했던 어떤 신념이나 가치의 차이에서 비롯된 것이 아니라, 이미 상처받고 더 이상 견딜 수 없게 된 사회집단들의 규모가 커지고 이들의 표가 선거 결과에 영향을 크게 미치게 된 상황에서 비롯되었기 때문이다.

혹자는 그렇게라도 된 것이 다행 아니냐고 말할지 모르겠다. 하지만 그것은 온정주의적 권위주의에 가까운 일이라고 할 수 있을지 몰라도, 개개인의 자율성과 평등한 시민권에 기초를 두는 민주주의의 이상과는 배치되는 일이다. 민주화 이후 이제 4반세기를 지나고 있는데도 우리 정치가 아직도 (사회의 저항에 위기감을 느낀 통치 세력들이 이를 무마하기 위해 수동적으로 개혁에 나서는) '수동 혁명의 악순환'을 계속하고 있는 현실을 지켜보는 것은 괴로운 일이다.

우리가 하는 정치가 민주주의라면 이럴 수는 없다고 생각한다. 진보를 말하는 정당들이 뭔가 사태의 심각성을 진심으로 이해하고, 민주주의의 가치와 이상에 맞는 정치를 해가고자 한다면, 과거 민주 정부의 접근에서 무엇이 잘못이었는지를 깊이 생각해 봐야 한다고 본다.

* * * * *

1943년생인 필자는 우리나라에서 나이를 세는 방식으로 올해 칠순이 되었다. 좀 색다르게 자신의 책으로 기념해 보는 게 어떠냐는 제자들의 제안으로 이 짧은 책을 내게 되었지만, 쑥스러운 감이 없지 않다.

계속 읽고 이런저런 주제를 생각해 글을 쓰는 동안, 조금씩이나마 나의 정치학 실력이 꾸준히 늘고 있다는 느낌을 가질 때마다 여전히 기분이 좋다. 이번 책에 실린 글들을 쓰면서도 그런 작은 보람을 느낄 수 있었다.

감사할 사람이 많아진다는 일이야말로, 나이 드는 것이 가져다주는 좋은 보상이 아닌가 한다. 내가 누구이고 또 누구여야 하는지를 생각하게 해준 모든 사람들에게 감사한다.

    특별히, 새벽길과 먼 길을 마다치 않고 나를 현장으로 안내해 준 조재희 박사와 서광국 팀장에게 감사한다. 경향신문 김후남 기자에게도 감사를 전한다. 이 책의 1부에 실린 글은 모두 그녀의 보이지 않는 수고 덕분에 세상의 빛을 볼 수 있었다.

2012년 10월
최장집

1부 삶의 현장에서 보는 한국 민주주의

1

일용직 노동자들의 감춰진 상처들

공허한 담론과
추상적 이념의 언어가 지배하는 곳에서
민주주의의 실체적 성과는
만들어질 수 없다.
새벽의 인력시장은
그 어떤 거창한 것이 아닌,
이 지극히 단순하고 명백한 진실을
우리에게 말해 주고 있다.

*

 평소 나는 '노동 없는 민주주의'를 민주화 이후 한국 정치의 중요 특징으로 생각했다. 민주주의는 정치 참여와 결사의 자유에 힘입어 사회 여러 세력과 집단들이 정당의 형태로 조직되고, 이들이 제도화된 정치과정 내에서 갈등을 해결하려 경쟁적으로 노력하는 것을 중심 내용으로 한다.

 그래야 사회경제적으로 약한 사회집단인 노동자들과 소외 세력들이 그들 자신의 요구와 이익을 정치과정에 투입하고 이를 통해 취약한 삶의 조건을 개선하는 효과를 얻을 수 있을 것이다. 노동을 대표하는 정당이 존재한다면 그것이 비록 작은 정당이라 해도 전체 정당 체제에 미치는 영향은 실로 큰 것이 될 수 있다.

 반대로 노동이 민주주의의 정치과정으로 들어와 집단적

주체로서 역할을 하지 못한다면, 정치 전반에 걸쳐 심대하게 부정적 결과를 가져오게 된다. 민주화에도 불구하고 한국 정치가 권위주의 시대와 다를 바 없는 구태를 탈각하지 못하고 시민들로부터 냉소와 불만의 대상이 되고 있는 가장 큰 원인은 바로 여기에서 찾을 수 있다.

진보 정당들이 내부의 정파 문제로 책임 있는 대중정당으로서의 역할과 기능을 할 수 없게 되는 것을 보면서, 노동의 정치 세력화를 위해 분투노력했던 한국 민주주의의 한 중요한 실험이 사실상 종결된 것은 아닌가 생각했다. 무엇이 잘못되었는가? 진보는 무엇이고, 그들은 왜 실패했는가?

* *

2011년 9월의 어느 날, 나는 일용직 건설 노동자들의 인력시장이 열리는 성남시 수진리 고개 일원과 그 인근을 찾아갔다. 세계화가 노동시장의 양극화를 가져왔다는 사실에 대해서는 누구나 알고 있지만, 비정규직 노동자 가운데서도 가장 열악한 한계 계층의 하나로 자리 잡게 된 이들의 문제에는 모두가 큰 관심을 기울이지 않았기 때문이다.

새벽 4시, 가을 공기가 차가운 그곳 인력시장은 전국적으로 약 57만 명에 이르는 이들의 삶의 조건과 생활 현실뿐만 아니라 한국 민주주의의 감춰진 뒷모습을 적나라하게 보여 준다. 일용직 건설 노동은 야외 공사에서 발생하는 여러 가지 어려움은 제쳐 두더라도, 잦은 산재와 인명 사고에서 보듯 노동강도와 위험이 가장 높은 직종의 하나이다.

거기에 날마다 일자리를 구해야 한다는 불안정성의 문제도 덧붙여야겠다. 전국 안 가는 곳이 없고, 현장에 도달하는 데 보통 서너 시간 이상 걸리기에, 정상적인 가정생활은 물론 여가를 갖는 것도 불가능해 보였다.

그들 대부분은 성남시나 서울 인근의 작은 공동주택이나 지하 단칸방에 산다. 그런 형편에도 자식들은 모두 대학에 보냈다는데, 그들의 수입으로는 서울의 유수 대학에 보낼 만큼의 과외비와 학원비를 감당할 수 없었고, 그래서 주로 수도권의 지방대학에 다녔다고 한다.

이날 새벽 내가 만났던 사람들 가운데는 길게는 13년이나 중동의 "모래바람 속에서 모래 섞인 밥을 먹으며" 일했고 그 후 일본의 건설 현장에서 일한 경험을 가진 사람이 여럿이었다. 이들이 외국과 국내에서 생존을 위해 사투해 온 지난 20여 년 동안, 한국 경제는 눈부시게 발전해 세계의 주요 경제 강국으로 부상했다.

그러나 눈부신 경제성장에 기여한 대표적인 생산자 집단이자 30대에서 60대에 이르기까지 넓은 연령층에 분포된 일용직 건설 노동자들의 생활 조건과 삶의 질은 답보 상태이거나 더 나빠졌다. 고용 기회는 줄었고, 노임은 적어졌으며, 주거 조건은 나빠졌고, 자식 세대의 사회적 상향 이동의 길도 열어 줄 수 없는 막다른 현실을 대면하게 된 것이다.

지금 그들에게 가장 큰 관심사는, 중국 동포들을 중심으로 하는 이주 노동자들의 대거 유입으로 일자리가 줄어드는 문제였다. 자국민의 노동조건을 고려하지 않는 정부의 이주 노동자 정책에 대한 그들의 비판은 날카로웠다. 몇 사람은 건설 노조가 주관하는 이주 노동자 고용정책 반대 집회에 참여하러 수원으로 간다며 먼저 자리를 떴다.

남은 사람들은 옛날보다 더 살기 어려워졌다고 말한다. 대화 도중 한 사람이 "할 수만 있으면 이민 가고 싶어요. 이 나라에서 살기 싫어요."라고 말했을 때, 상실된 희망과 감춰진 분노를 느낄 수 있었다.

***

이들에게 민주주의는 무엇이었을까? 나는 새벽의 인력시장에서 정치와 정당 일반의 부재는 물론이고, 노동자들을 대표하는 진보 정당의 부재 역시 실감하지 않을 수 없었다. 정치권과 시민사회 그리고 여러 운동 단체에서 내세웠던 화려하고 추상적인 진보적 구호와 담론들이 이 현장에서는 아무 흔적도 갖지 못했다.

이 노동자들의 존재를 의식한 산업-고용정책, 이주 노동자 정책, 주택정책, 교육정책은 없었다. 지난 20년간 무서운 기세로 밀어닥친 세계화의 물결이 아무런 여과 없이 이들의 삶에 커다란 충격을 가하는 동안 한국 민주주의는 무엇을 했던 것일까?

한국 정치를 뒤흔든 안철수 현상은 정치권에 몰아닥친 가장 극적인 사건이다. 여러 요인이 다 중요하겠지만, 근본적으로는 노동 없는 민주주의 혹은 실재하는 사회경제적 문제들을 다루지 못했던 한국 정당 체제의 무기력함이 가져온 결과가 아닐 수 없다. 그리고 그것의 다른 모습은 바로 여론조사가 지배하는 정치다.

여론조사 결과가 공직 후보 선출에 지배적 영향력을 미친다면, 정당이 존재해야 할 이유는 없을 것이다. 선거관리위원회가 공인된 여론조사 기관을 통해 대표를 선출하고 정부를 구성하면 되기 때문이다.

여론조사의 과도한 동원은, 이미 시민·시민사회라는 포괄적인 말이 정치를 지배하면서 예견된 현상이라고도 할 수 있다. 왜냐하면 그 말은 정당정치가 사회적 기초를 갖기 위해 필요한 것, 즉 사회경제적 이해관계를 달리하는 사회집단의 존재와 그들 간의 갈등을 인정하는 것이 아니라 그것을 부정하는 추상화된 개념으로 위력을 발휘했기 때문이다.

나는 한국 민주주의가 이렇게까지 나빠진 중요한 원인의 하나는, 민주화 이후 한국 정치와 사회운동이 학생운동 출신 엘리트들에 의해 지배된 것에 있다고 생각한다. 이 말은 한국 민주화에서 학생운동이 중심적인 역할을 했다는 사실을 부정하는 것이 아니다. 그보다는 이들이 그 뒤 정치인이 되고 진보 정당을 하고 사회운동을 주도한 것이 소외된 사회적 약자들에게 어떤 실체적 혜택을 주었고, 이들을 위한 정치의 세계를 확장하는 데 무엇을 기여했는가를 묻고 싶은 것이다.

그에 관한 한 내 대답은 부정적이다. 나는 학생운동의 역사적 역할은 이미 오래전에 끝났어야 했다고 생각한다. 실제 현실의 삶과 유리된 조건 아래 의식화되면서 갖게 된 과잉 이념화된 사고방식과 도덕적 우월 의식은 그것이 지속되는 시간에 비례해 부정적 효과를 더 크게 가질 수밖에 없기 때문이다.

이곳 일용직 인력시장에서 만난 대부분의 노동자들은 대졸자가 아니다. 더욱이 서울의 좋은 대학 출신, 즉 엘리트 집단이 아니다. 이 두 집단을 연결하는 접점은 어느 곳에도 존재하지 않는다.

****

일찍이 아리스토텔레스는 인간의 동정심을 감정이입empathy과 공감sympathy의 두 종류로 나누었다. 앞의 것은 스스로 경험하지 않았지만 가치와 이념의 도움으로 다른 사람의 사정에 동정을 느끼는 것이고, 뒤의 것은 사실의 구체적인 접촉을 통해 다른 사람의 사정에 동정을 느끼는 것을 지칭한다.

여기에서 인간 행위의 급진성을 불러오는 감정 형태는 앞의 것, 즉 감정이입이다. 현실의 삶에 기초하지 않은 학생운동의 전통이 정치 행위나 사회운동을 추동하는 힘으로 과도하게 작용할 때, 진보의 행동 정향도 그런 형태를 띠게 된다.

그런 정조와 감정은, 베버의 개념을 빌려 말하면, 강한 신념 윤리를 격발하고 추동하는 반면, 그것이 가져올 결과에 대한 책임 윤리의 부재 내지는 약화를 가져온다. 사실 일용직 건설 노동자들이 어떤 정책을 필요로 하는지의 문제는 그들이 처한 조건을 직접 대면할 때 상당 정도는 저절로 드러난다. 그럼에도 불구하고 그렇게 하지 못했다. 당연히 일하는 사람들의 삶의 구체성을 담아내는 노력은 등한시되었다. 이것 말고 한국 진보 정당의 몰락 내지 주변화의 원인을 어디서 찾을 수 있겠는가.

공허한 담론과 추상적 이념의 언어가 지배하는 곳에서 민주주의의 실체적 성과는 만들어질 수 없다. 새벽의 인력시장은 그 어떤 거창한 것이 아닌, 이 지극히 단순하고 명백한 진실을 우리에게 말해 주고 있다.

2

현대차와 노동 없는 생산 체제의 문제

한 노동자는 10년 가까이
현대차에서 일했는데, 그 사이
자신을 고용한 인력 회사가
일곱 번이나 바뀌었다고 말한다.
어느 날 문득
'내가 지금 회사에 다니고 있는 건가.'
하고 자문하게 되었다고 한다.
그 말에서 나는 존재감을 상실한 채
헤매는, 카프카의 소설 속
소외된 한 인간의 모습을 떠올렸다.

*

정치체제의 민주화에도 불구하고 노사 관계는 좋아지지 못했다. 그런 사이에 정규직·비정규직 간의 양극화는 문제를 더욱 악화시키고 있다. 정치체제의 민주화와 노사 관계의 민주화는 병행해 발전할 수 없는 것인가?

노사 간의 협력적 상호 관계는 민주주의의 가치에 부합할 뿐만 아니라 좀 더 생산적이고 효율적일 수 있다고 할 때, 우리는 어떻게 그런 체제로 전환할 수 있을 것인가?

내게 이 문제는 해답을 찾아보려고 노력하는데도 잘 풀리지 않는 어려운 숙제 같다.

**

한국의 대표적인 기업이자 강력한 노동조합의 전통을 가진 현대자동차에 가보면 그 답의 실마리를 발견할 수 있지 않을까 하는 기대를 갖고 KTX에 올랐다. 과거 1990년대 초반 노동운동의 절정기에 연구를 목적으로 현대정공 파업 현장을 둘러보러 갔던 기억이 떠올랐다.

벌써 20년 가까운 시간이 흘렀다. 무엇이 어떻게 변했을까? 울산 KTX 역사는 수년 전 파리에서 고속 전철을 타고 프랑스 남부 아비뇽 역에 내렸을 때 봤던 모습과 비슷했고, 맑은 가을 하늘의 강렬한 햇살 또한 그러했다.

현대자동차 휴게 센터에서 만난 노조 간부의 얘기를 들으니 회사 내에서 노조의 권력은 내가 상상했던 것보다 훨씬 더 컸다. 임금 및 기업 복지와 관련된 사안뿐만 아니라 생산 라인상의 작업 배치, 노동시간 배정, 신공장과 해외 공장 건설 결정에서도 노조원들의 이익과 관련된 부분에 대해서는 노조가 강력한 발언권을 가지며 사측도 노조와 협의할 수밖에 없다고 한다.

현대차 노동자들이 어엿한 '노동자 중산층'으로 올라서게 된 데는 노조의 이런 역할이 결정적이었던 것으로 보인다. 반면에 현대차 노조의 전직 임원이자 지금은 비정규직 지원 센터를 운영하는 노동운동 활동가는 내게 현대차 노조의 "노동운동은 끝났다."고 말한다.

한국 노동운동의 본산이라 할 현대차 노조는 그동안 전투

적이며 진보적인 강성 노동운동을 대표해 왔다. 지금도 그들이 내세우는 수사나 슬로건은 예전과 다를 바 없어 보이지만, 실제 내용은 정규직 조합원들의 이익 실현에 전념하는 이익 집단적 성격이 강한 노조가 되어 있음을 느낄 수 있었다.

미국을 비롯한 세계 28개국에 생산 공장을 갖게 된 현대차의 눈부신 성장은 그 회사 노조의 이런 성격 변화와 궤를 같이한다. 분명 한국의 중심 기업으로서의 현대차와 한국 노동운동의 선봉장으로서의 현대차 노조의 만남은 운명적인 것이었다.

강성 노조와 대면했던 기업의 선택은 두 가지로 나타났다. 하나는 자동화와 모듈화를 확대해 경험과 숙련을 필요로 하지 않는 생산공정을 발전시키는 것이다. 다른 하나는 이른바 '노-노 대결'로 표현되는, 정규직-비정규직을 구분하고 그들을 분리 통치하는 방식으로, 이는 파견 및 기간제 관련 노동법과 같은 제도에 의해 뒷받침될 수 있었다.

***

노사 관계를 좋은 방향으로 발전시켜 그 문제를 해결하려는 것이 아니라 '노조 없는 생산 체제'를 발전시킨 현대차 모델은, 오늘날 현대차를 세계 5대 자동차 메이커로 성장시킨 동력일지 모르지만 그 자체로 커다란 결함을 안고 있다.

그것은 기본적으로 민주적 노사 관계의 길과 심각하게 충돌할 뿐만 아니라 현대차의 지속적 성장이라는 목표마저 위협할 수 있기 때문이다. 오후 한나절 자동차 생산 라인을 둘러보면서 갖게 된 생각이었지만, 그 뒤 공장 밖 가까이에 있는 현대차 노조 비정규직 지회 대책 본부 사무실에서 나눈 대화는 그런 판단에 더욱 확신을 심어 주었다.

한 노동자는 자신이 10년 가까이 현대차에서 일했는데, 그 사이 자신을 고용한 인력 회사가 일곱 번이나 바뀌었다고 말한다. 그때마다 새로운 고용 계약서를 썼다고 한다. 그래서 어느 날 문득 '내가 지금 회사에 다니고 있는 건가.' 하고 자문하게 되었다고 한다. 그 말에서 나는 존재감을 상실한 채 헤매는, 카프카의 소설 속 소외된 한 인간의 모습을 떠올렸다.

이들은 정규직에 비해 임금이 대략 절반밖에 안 되며, 동일한 생산 라인에서 더 힘든 업무 배치, 동일한 직장 안에서의 인간적 차별, 언제 해고될지 모르는 항시적인 고용 불안, 노조 결성과 같은 권익을 위한 단체 행동이 곧바로 해고로 이어지는 상황 등 사실상 기본권을 박탈당하고 있는 데 대해 불만을 털어놓는다.

그런데 그런 것들보다 더 절실하게 들렸던 얘기는 그들이 일에 대한 열정이 생기지 않는다고 말하는 대목이었다. 나중에 만난 울산대의 후배 교수는 동일한 생산 라인에서 우월한 지위와 역할을 갖는 정규직 노동자들 역시 나태해지고 해이해질 수밖에 없는 구조라고 말했다.

현대차 생산 공장 문을 나서면서, 일에 대한 헌신과 자부심을 갖는 노동 윤리는 실현될 수 없는 것인지, 고도로 발전된 현대 과학기술이 과연 인간 노동을 대체할 수 있는 것인지 의문이 들었다. 분명 그렇지 않을 것이다. 이는 대량 생산 체제의 정점에서 불량률이 높아지고 대량 리콜과 소송에 휘말린 도요타 자동차 사태가 실증하는 것이기도 하다.

그간 현대차의 생산 체제는 일정한 품질 향상과 함께 대량 생산을 이뤄 낼 수 있었지만, 보이지 않는 현장 내부에서는 위험 요소들이 자라나 누적되어 왔음을 직감할 수 있었다. 노동자의 성의와 인간의 손길이 만들어 내는 질 높은 고급차 생산을 기대하기는 어려워 보였다.

****

노조 없는 생산 체제, 그리고 그에 기초한 기업 성장 전략은 합리적인 선택일 수 있을까? 내가 비정규직 지회 대책 본부 사무실 문을 나섰을 때 안내자는 건물 밖 길거리에 서있는 지프를 가리키며, 누가 드나드는지 회사에 보고하기 위한 감시용 차량이라고 했다. 권위주의 시기의 유산이 그대로 남아 있음을 보여 주는 사례가 아닐 수 없었다.

경영진은 노조에 대해 적대적이고, 비정규직 노조가 결성될까 봐 노심초사하며, 정규직 노조 간부들이나 비정규직 지회 활동가들도 공통적으로 회사를 불신하고, 또한 정규직과 비정규직 노동자들도 서로를 불신하고 있다. 말하자면 현대차 생산 체제를 구성하는 모든 행위자들이 적대적인 비협조 게임에 묶여 있는 형국이다.

좋은 생산 체제와 좋은 노사 관계의 틀을 만드는 좀 더 큰 문제에 대해서는 누구도 관심을 갖고 있는 것 같지 않았고, 모두가 각자의 단기적 관심사에 몰두해 있었다. 이는 장기적으로 파국으로 가는 길이 아닐 수 없다. 그렇다면 어떻게 변화를 만들어 낼 수 있는가?

독일 총리 메르켈은 의회 연설에서 그리스 부채 위기 타개를 위한 독일의 역할에 대해 말하면서 "정치는 시장의 논리를 그대로 추수하는 것이 아니라 그 자체의 자율적인 논리를 갖는다."는 점을 강조했다. 우리 노사 관계 문제를 해결하는 데 있어 가장 부족한 것은 바로 이런 점이 아닐까 생각한다.

다시 말해 노조의 투쟁성이나 운동성이 부족해서도 아니고, 기업이 공익에 헌신하지 않아서가 아니라 민주주의를 작동하게 만드는 정치적 내용의 빈곤함에 문제의 원인이 있다는 것이다. 효율성의 시장 원리와 연대성의 공동체적 가치를 병립시키는 일은 누가 해야 하는가?

생산의 중심 집단으로서 경영진과 노동자가 창조적이고 협력적인 상호작용을 통해 작동하는 경제는 누가 만들어 내야 하는가? 이와 같은 문제들에 대해 오늘의 민주주의 정치, 오늘의 선거는 어떤 비전을 보여 주고 있는가?

* * * * *

현대차의 노사문제는 우리 사회의 전체 문제를 축약하고 있는 소우주와 같다. 전체를 모두 바꾸기 어렵다면 현대차만이라도 우선 하나의 새로운 모델을 구축하는 노사 공존의 사회계약을 생각해 볼 수 있을 것이다. 그리고 그 사회계약은 이해 당사자들 간의 계약이면서 동시에 그를 뒷받침할 수 있는 정치의 틀을 함께 만들어 가는 과정이어야 할 것이다.

그 일은 누가 시작해야 하는가? 우리 정치가들은 누가 덜 타락하고 덜 위선적인가를 두고 다툴 것이 아니라 바로 이 문제를 두고 경쟁해야 한다. 이것이 현대차를 방문한 후 내가 찾은 답이다.

1

"가난한 사람들도 여가를 가져야 한다는 생각은 부자들에겐 언제나 충격이었다. 19세기 초 영국에서는 남자의 평일 근로시간이 15시간이었다. 아이들도 하루 12시간씩 일하는 게 보통이었고 어른만큼 일하는 경우도 있었다. 노동시간이 약간 긴 것 같다고, 참견하기 좋아하는 사람들이 주제넘게 제의했을 때 되돌아온 대답은, 일이 어른들에겐 술을 덜 먹게 하고 아이들에겐 못된 장난을 덜하게 만들어 준다는 것이었다.

......

만일 사회를 현명하게 조직해서 아주 적정한 양만 생산하고 보통 근로자가 하루 4시간씩만 일한다면 모두에게 충분한 일자리가 생겨날 것이고 실업이란 것도 없을 것이다. 이런 생각은 부자들에겐 충격이다. 가난한 사람들은 그렇게 많은 여가가 주어지면 어떻게 사용할지도 모를 것이라고 믿고 있기 때문이다.

……

현대의 생산방식은 우리 모두가 편안하고 안전할 수 있는 가능성을 열어 놓았다. 그런데도 우리는 한쪽 사람들에겐 과로를, 다른 편 사람들에겐 굶주림을 주는 방식을 선택해 왔다. 지금까지도 우리는 기계가 없던 예전과 마찬가지로 계속 정력적으로 일하고 있다. 이 점에서 우리는 어리석었다. 그러나 이런 어리석음을 영원히 이어 나갈 이유는 전혀 없다."

__버트런드 러셀, 송은경 옮김, 『게으름에 대한 찬양』(사회평론, 2005), 22-24, 33쪽.

3

장위동
봉제 공장에서

국가권력에 대한 강한 피해 의식은
이들의 마음속 밑바닥을 흐르는 강력한 정조이다.
봉제 공장의 노동자들이
정부에 대해서 갖고 있는 이미지는
민주화 이후에도 크게 달라진 것이 없다.

*

얼마 전 한 대학 연구소의 '중소 영세업 작업장 실태 조사'팀 조사원들과 함께 봉제 공장들이 밀집해 있는 성북구 장위동에 갔다. 줄지어 있는 허름한 건물들에는 2천여 개의 작은 봉제 공장들이 빼곡히 들어서 있었다.

건물마다 "미싱사·재단사·시다 구함" 같은 구인광고가 붙어 있다. 감자탕, 오리탕, 치킨, 호프, 목욕탕, 장위곱창, 김밥나라, 부동산, 미장원, 퀵서비스 같은 간판들이 이곳의 풍경을 더 복잡해 보이게 한다.

한 공장에서 일하는 노동자들이 대개 6~7명에서 10명 정도라고 할 때, 약 1만5천 명 정도가 이 근방에서 일하고 있다. 현재 영세 봉제업 부문에 종사하는 이들 경제활동 집단은, 서울에서만 어림잡아 25만에서 50만 명으로 추정되는데 서대

문구·용산구·성동구·동대문구·성북구 등 주로 강북 지역에 산재해 있다.

    봉제업은 값싼 노동력 공급을 필수 조건으로 하는 기업의 성격 때문에, 임대료와 전세가 상대적으로 싼 주거지역에 위치하고 그 변화를 따라 이동한다. 따라서 영세 봉제 공장 지역들은 서울의 도심 재개발 내지 뉴타운 프로젝트가 미친 공간적 파장을 거의 수학에 가까울 정도로 정확히 보여 준다.

    마치 파도가 번져 나가듯, 중심부에 가까운 지역에서 변두리 지역으로 이들 기업은 밀려났다. 이곳 장위동도 곧 재개발 계획이 시행되기 때문에 공장들은 포천·의정부와 같이 더 바깥쪽으로 옮겨 가게 될 것이다.

**

봉제 공장 노동자 구성은 1960~70년대 초기 산업화로부터 지식 기반의 첨단산업이 중심이 된 21세기 후기 산업화 시기에 이르는 기간에도 변화하지 않은 한국 노동시장 구조의 한 단면을 잘 보여 준다. 그것은 흡사 저임금 생산직 노동시장 구조의 박물관과 같았다.

    이들 봉제업 부문의 노동자들 대부분은 전태일의 분신을 통해 오래도록 형상화된 청계천 일대 영세 봉제 공장 노동자와 같은, 1970년대 그 시절의 여성 노동자들이다. 지난 30년 사이 결혼하고 자식을 모두 키운 이후 노동시장에 재진입한 노동자들이다. 이제는 40대 후반에서 60대 초반에 이르는 중년의 노동자들이 되었는데, 이들이 봉제업 노동력의 중심을 이루고 있다.

나머지 노동력은 대개 '불법 체류자' 신분인 이주 노동자들이다. 가족노동의 성격이 강한 기업을 운영하면서 노동을 같이하는 고용주들도 많은데, 이들은 주로 남성들이다.

이번 인터뷰에 응했던 여러 고용주와 재단사들은 봉제업이 영세 사양산업이기 때문에 비용 압박을 많이 받고 또 노동력도 부족해 이주 노동자들에게 의존하지 않을 수 없다고 말한다. 세금 문제와 이주 노동자의 불법체류 문제는 그들이 당장 직면하고 있는 공통적인 어려움이고 관심사였다.

그들이 사업자로 등록하지 않고 있는 것은 상당히 의외였다. 사업자 등록을 할 경우 고용·산재·건강 보험 및 국민연금과 같은 제도의 혜택을 받을 수 있겠지만, 그보다 그들은 법의 단속과 공권력을 두려워한다. 이들이 스스로 기꺼이 불법적이기를 선택하는 데는 이주 노동자 문제도 중요한 요소가 된다.

이들에 대한 단속은 경찰 외사과 소관인데, 투망식으로 잡아가기 때문에 일제 단속이 시작된다는 정보가 전달되면 일하던 노동자들은 어디론가 순식간에 사라진다고 한다. 불법

체류 노동자들이 현장에서 체포돼도 고용주들은 이를 막을 아무 대책이 없다.

봉제 산업이 적지 않은 고용을 흡수하고 도시 서민 가구의 소득에 크게 기여하고 있음에도, 이 부문의 기업주-노동자들은 정부의 공식 통계에도 잡히지 않는, 세금도 없고 보험도 없이 공적 제도 밖에 존재하는 얼굴 없는 사회경제적 집단이다.

그동안 정부의 산업 정책 측면에서 봉제 산업은 버려진 산업이 아닐 수 없다. 한편에는 정부가 모든 가용한 정책 지원을 아끼지 않는 성장 동력 부문이 존재한다. 다른 한편에는 전체 생산직 노동자의 하층에 위치한 저임금 노동 집약적 영세 기업 노동자들의 경제활동 영역이 존재한다. 이들은 보이지 않는 노동시장 구조를 형성하고 있는 것이다.

정책 결정자들이 의도한 것이든 혹은 태만에 의한 것이든, 정부가 이들 산업부문에 대해 방치로 일관했을 때 이들이 직면할 수밖에 없었던 현실은 합법적 경제 영역 밖으로 방출되는 것이었다. 이 분야는 한국 경제 발전의 어두운 뒷면을 대표하고 있다고 하겠다. 정부가 이런 배제 정책으로 일관해 왔음에도 봉제 산업이 그동안 존속할 수 있었던 것이 이상할 정도이다.

여러 봉제 공장 인터뷰에서 공통적이었던 것은, 그들이 중앙정부이든 지방자치단체이든 정부와 관, 그리고 정치인들에 대해 뿌리 깊은 불신과 냉소적 태도를 가졌다는 점이었다. 이들의 태도에서 드러나는 정부의 모습은 그들의 요구와 의사를 대변하고 이익을 보호하는 공적 기관이 아니라, 영세 소기업으로서 약자인 자신들에게 피해를 주는 권력 기관일 뿐이었다.

국가권력에 대한 강한 피해 의식은 이들의 마음속 밑바닥을 흐르는 강력한 정조이다. 봉제 공장의 노동자들이 정부에 대해서 갖고 있는 이미지는 민주화 이후에도 크게 달라진 것이 없다.

오늘날 봉제 산업의 실태는 그동안 한국 민주주의가 이루어 낸 성과를 가늠하는 하나의 사례로 볼 수 있을지 모른다. 정당이나 정치인에 대한 태도 역시 그 내용은 다르지만 부정적이기는 마찬가지이다. 그저 자신들과 멀리 떨어져 있는 무관한 어떤 존재일 뿐이다.

자신들의 권익을 보호해 주고 자신들을 위해 유익한 정책을 만들고 실현해 주는 정치·정치인·정당 같은 것은 기대하지도 상상하지도 않는 눈치이다. 정상적인 상황이라면 그들은 스스로 자신의 이익을 보호하고 정책적 요구를 대변할 자율적 결사체 같은 것이라도 만들어 열악한 상황에 대응하려 해야 할 것이다.

그러나 그들은 결사체를 만들어 그들의 문제에 공동으로

대응하거나, 해결하기 위해 어떤 시도도 하지 않고 또 그것을 원하지도 않는다.

* * *

민주주의라면 적어도 이상적 기준에서는 정치 참여의 평등이라는 원리에 힘입어 모든 사회적 이익과 요구들이 표출될 수 있어야 하고, 그것이 대표되고 조직됨으로써 그들의 이익이 정치과정을 통해 부분적으로라도 실현되는 것을 허용하지 않으면 안 된다. 그러나 봉제 공장의 고용주-노동자들은 자율적 결사체의 효능을 경험해 본 적이 없고, 그것을 상상할 수도 없으며, 그것을 시도할 필요를 느낄 수도 없다.

그것은 한국 사회에서 민주주의 정치과정이 곧 경제력의 크기 내지 시장의 불평등한 효과를 그대로 반영해 온 것의 한 결과라 할 수 있다. 거대 이익 내지 큰 사회경제적 힘들이 일방적으로 대표되고 그들이 압도한 결과, 우리 사회의 약한 이익 내지 약한 사회경제적 힘들은 정책에 대해 어떤 기대를 걸 수 없었기 때문이다.

오늘날 영세 봉제 산업의 고용주-노동자들은 공식 제도 바깥에서 생존하기를 스스로 선택한, 얼굴 없는 사회경제적 생산자 집단일 뿐만 아니라, 목소리를 내지 않는 집단으로 머물러 있는 것이다.

봉제 공장이 밀집한 이 지역에서 정당은 보이지 않는다. 인터뷰에서도 그들은 선거철을 제외하고는 평상시에 정치인들이 공장을 방문한 적이 없다고 말한다. 정당과 정치인들도 이들과 의사소통이나 접촉을 시도하지 않는다.

전국적인 정당 차원에서는 물론이고 지역구의 정치인 차원에서도 지역구 내에 있는 이들 사회경제적 인구 집단의 실태를 조사하고, 자기 소리를 내지 못하는 약자들의 소리를 대변하는 역할은, 정치인들이 해야 할 가장 중요한 과업이다. 정당이 사회에 뿌리를 내려야 한다는 것, 정당의 사회적 기반 없이 민주정치는 실현되기 어렵다는 것을 강조하는 것은 바로 이를 두고 하는 말이다.

그러나 아이러니하게도 이런 활동은 선거 관련 법률들과 충돌하기 쉽다는 문제가 있다. 지역 유권자 대중과 항상적인 접촉을 못하게 하는 것이 현 선거 관련 법률의 기본 정신이기 때문이다. 그런 법과 제도들이 정치 개혁의 이름으로 이루어졌다는 사실은 실로 역설이 아닐 수 없다.

장위동 봉제 공장은 한국 민주주의의 결핍된 조건, 나아가 한국 정치가 어떻게 달라져야 하는지를 집약적으로 보여 주고 있는 살아 있는 현장이다. 적어도 나는 그렇게 생각한다.

4

전주 덕진의
자활 센터를 다녀오다

관절염으로 거동이 불편한 70대 중반
할머니를 만났다. 그녀는
복지 센터가 가져다주는 쌀과 김치로
끼니를 때우고, 냉기가 스며드는
썰렁한 독방에서 겨울을 나고 있었다.
잘 나오지도 않는 낡은 텔레비전과
작은 상 위에 펼쳐져 있는 성경 한 권으로
매일의 삶을 영위하는 것이 일상의 전부였다.

　분배와 복지 없는, 성장만을 위한 경제정책은 더 이상 유효하지 않다. 이런 말을 하는 것조차 진부한 느낌이 들 정도다. 오랫동안 성장 지상주의가 지배했던 우리 사회에서, 어떻게 이리도 쉽게 복지의 필요성에 대한 공감대가 만들어질 수 있었을까?

　단순화해 말한다면, 그간의 성장 일변도 정책이 한계에 달했기 때문이다. 사회적 안전망이 부재한 상황에서 혹은 사회적 안전망을 갖추는 준비 없이, 신자유주의 경제정책을 과도하게 받아들여 기존의 성장 체제를 지속시키려 했던 것의 결과는 참담했다. 시장 경쟁은 가열화되었던 데 반해, 그 과정에서 급증할 수밖에 없었던 열패자들을 위한 안전망 공급은 도저히 그 수요를 따라갈 수 없었기 때문이다.

✶ ✶

공식 통계를 살펴보면, 계층구조의 최저층인 기초 생활 보장 수급자가 155만 명이고 기초 생활 보장 급여를 받지 않지만 최저생계비를 약간 웃도는 차상위·차차상위 등 저소득 빈곤층 수가 3백만 명에 이른다. 그러나 공식 통계와는 달리 빈곤 저소득층을 가리키는 이들의 실제 규모는 대략 550만에서 8백만 명으로 추정되는데, 이는 전체 인구의 16.6퍼센트이다.

이들 빈곤 저소득층이 자신들의 사회경제적 삶을 위해 의지할 곳은 없다. 그들에게 가족은 서로 의지할 대상이 아니라 오히려 부담일 뿐이다. 그동안 국가는 재벌과 연합해 경제성장을 앞장서 주도하면서 사회가 양극화되고 공동체적 사회유대와 가족이 해체되는 것을 방치했다.

그런데 오늘날 복지국가에 대한 요구가 사회적 합의에 가깝게 되었다는 것은, 이제 성장 일변도 체제의 부정적 결과를 보전해야 할 책무를 국가가 갖지 않으면 안 되는 지경에 이르렀다는 사실을 웅변한다고 하겠다.

그렇다면 모든 정당·정치인들이 공약하고 있는 복지 정책이 현장에서 어떻게 시행되고 있으며, 복지 정책의 대상으로서 실제 복지 수혜자들은 이를 어떻게 생각하고, 또 평가하고 있을까?

*　*　*

내가 찾아간 곳은, 전주시의 한 지역이었다. 기반 산업도 없고 시의 재정 자립도도 전국에서 가장 낮다. 반면에 노인 빈곤율은 높고 전체 빈곤율 역시 6.4퍼센트로 전국 평균의 두 배나 되는데, 이는 전국에서 가장 높은 수치다.

나는 이곳의 한 자활 센터에서 기초 생활 보장 수급자와 수급자가 아닌 차상위자, 그리고 센터에서 일하는 사회복지사를 포함해 여러 사람들과 대화를 나눴다. 그들의 사정은 대개 비슷했다. 기초 생활 수급자들은 월 70만~80만 원을 받는데, 복지 행정 분류상으로 그보다 상황이 좋은 것으로 판정된 차상위자들에게는 그 혜택이 부여되지 않았다. 그래서 그들은 식당일·청소일 같은 다른 저임금 잡역을 포기해서라도 수급자가 되기를 바랐다.

과거에는 기초 생활 수급에서 차상위로 분류된 사람들을 복지 혜택의 '사각지대'라고 했다. 하지만 이제는 그 수가 수급자에 비해 두 배나 돼, 더 이상 단순히 사각지대라고만 할 수 없는, 복지 혜택을 절박하게 필요로 하는 집단이 되어 있었다.

경직되고 관료적인 자산 소득 평가means-test 방식에 대해 그들의 불평은 이만저만이 아니다. 수급자와 탈수급자 간 이해관계의 갈등도 보이지 않게 자라나고 있었다. 이들 가운데 리

비아에서 설비 공사 일을 하다가 귀국했다는 한 사람은 한국의 복지가 중동보다 못하다면서, "사람을 묶어서 사료 주는 식으로 한다."고 관료적 복지 행정 체제를 강하게 비판했다.

자활 프로그램에서 꽃꽂이를 배운 중년 여성, 자전거 수리 기술, 제빵 기술을 배운 남성들은, 교육을 받았으면 실제로 시장으로 나가 자립해서 재기할 수 있어야 하는데 그렇지 못한 현실을 비꼬았다.

자전거 수리 기술을 배우며 자활 근로 사업장에서 일하고 있는 한 중년의 기초 생활 수급자는, 현재의 급여로 생활비의 80퍼센트를 지원해 준다고 하지만 추가 의료비를 포함해 나머지 20퍼센트는 자신들 같은 빈곤층에게는 감당하기 힘들다고 한다. 자신은 신용 불량자가 됐고, 돈 때문에 싸우고 이혼도 했다고 한다.

자녀 가운데 한 아이는 공부를 잘해 등록금이 싼 국립 군산대에 입학했지만, 등록금 2백만여 원을 감당할 수 없어 휴학 중이고, 아르바이트를 위해 오토바이로 배달 일을 하다가 다쳤다고 한다. 센터에서 일하는 젊은 여성 사회복지사는 최근까지 가정을 방문해 저소득층 아이들을 돌보는 일을 했는데, 기초 생활 수급자보다 실제로 생활이 어려운 차상위자의 아이들이 주변에 더 많았고, 최근에는 민간 지원이 줄어들어 그 아이들을 더 이상 돌보지 못하게 되어 안타깝다고 한다.

한 교회가 운영하는 복지 센터의 도움으로 방문했던 재가 (독거) 노인의 경우는 노인복지 정책과 행정이 안고 있는 문제의 단면을 그대로 드러내고 있었다. 관절염으로 거동이 불편한 70대 중반 할머니의 수입원은 기초 생활 수급자를 대상으로 한 생계 급여 30만 원, 기초 노령 연금 9만 원, 장애 수당 3만 원이 전부이다.

그런데 최근 할머니를 부모로 인정하지 않는 자식이 의무 부양자로 인정되면서 주 수입원인 생계 급여 심사에서 탈락했다. 결국 한 달 수입은 절반 이하로 줄어들었고 당연히 방세, 전기요금도 충당하지 못했다. 그래서 이 할머니는 복지 센터가 가져다주는 쌀과 김치로 끼니를 때우고, 냉기가 스며드는 썰렁한 독방에서 겨울을 나고 있었다. 제대로 나오지도 않는 낡은 텔레비전과 작은 상 위에 펼쳐져 있는 성경 한 권으로 매일의 삶을 영위하는 것이 일상의 전부였다.

****

한국 사회가 복지국가로 도약하기 위해서는 무엇이 필요할까? 많은 전문가들이 말하듯, 최빈곤층에 한정된 '선별적 복지'를 확충하고 이를 저소득 소외 계층 전반으로 넓혀 나가야 할 것이다. 동시에 적극적 노동시장 정책, 나아가 교육정책과 접맥되는 방향으로 복지 정책의 범위와 방향을 확대해야 한다. 그러나 그런 제도적 접근만으로 충분할까?

경제성장과 시장 효율성의 가치가 지배하는 한국 사회에서 그에 대응하는 인간주의적 가치를 정립하지 않고서는 복지국가로의 질적 전환이 불가능하다는 점을, 필자는 강조하고 싶다. 복지 정책과 제도가 성장주의의 잔여 범주로 실현될 때, 복지 수혜에 대한 대가는 사회 낙오자 내지 열패자라는 낙인stigma이고, 그로 인해 수혜자는 경제적 능력과 아울러 사회성을 잃어버리게 된다.

내가 전주시 덕진구의 지역 자활 센터에서 일하는 사람들에게 가장 어려운 점이 무엇인지를 물었을 때, 그들은 "생활 자립에 실패해서 다시 수급자가 된다면 무슨 창피일까를 걱정하는 사람들에게 그렇지 않다는 용기를 심어 주는 것"이라고 대답했다. 이 점에서 사회적 시민권의 개념은 중요하다.

그것은 복지란 사회나 국가가 의당 시민에게 부여해야 할 수혜이므로 시민은 그 혜택을 받을 권리가 있다는 의식을 갖게 하는 한편, 수혜자 개인으로 하여금 자아 존중과 긍지, 삶의 목적과 효능을 견지할 수 있게 하기 때문이다.

그러나 현재 우리 사회의 복지 정책은 복지 혜택을 부여하고 정책을 집행하는 공무원이 주체이지 권리를 갖는 시민이 중심 주체가 아니라는 점에서, 아직은 '시민 없는 복지'의 단계에 있다고 말할 수 있을 것이다.

지역의 자활 센터에서 만났던 여러 사람들은, 복지 정책과 관련해 정당의 존재와 역할에 대해 언급조차 하지 않았다. 말하자면 정당은 서민들의 생활 현실에 뿌리를 내린 적도 없고, 이를 향상하는 데 아무 역할도 하지 않았다. 이런 조건이 지속되는 한 복지가 사회적 시민권의 위상을 갖게 되기는 어려울 것이다.

지금 정당과 정치인들이 복지의 중요성을 말하며 그 어떤 도덕적 수사를 동원하고 이상을 소리 높여 외친다 한들, 한낱 허구에 불과하다는 사실을 나는 지역의 복지 센터와 복지 수혜자들을 만나서 분명히 알게 되었다. 정당들의 분발을 촉구한다.

2

"광부들이 일하는 모습을 보노라면, 다른 세상에 다른 사람들이 살고 있구나 하고 문득 깨닫게 될 것이다.

……

아마도 우리가 하는 모든 것, 말하자면 아이스크림을 먹는 것부터 대서양을 건너는 것까지, 빵을 굽는 것부터 소설을 쓰는 것까지, 모든 게 직간접적으로 석탄을 쓰는 것과 상관이 있다. 평화를 위한 모든 수단에 석탄이 필요하며, 전쟁이 터지면 석탄은 더욱 필요해진다. 혁명기에도 광부는 계속 일하러 가야 한다. 아니면 혁명이 중단될 수밖에 없다. 혁명도 반동도 석탄이 필요하기 때문이다. 지상에 어떤 일이 벌어지건, 석탄을 파고 퍼 담는 작업은 쉬지 않고 계속되어야 한다. 아니면 길어도 몇 주 이상 중지되어서는 안 된다.

......

우리가 영국 북부에서 차를 몰고 가며 도로 밑 수백 미터 지하에서 광부들이 석탄을 캐내고 있다는 사실을 잊어버리기는 너무 쉽다. 하지만 어떤 면에서 당신의 차를 모는 것은 그 광부들인 것이다. 꽃에 뿌리가 필요하듯, 위의 볕 좋은 세상이 있으려면 그 아래 램프 빛 희미한 세상이 필요한 것이다.

__조지 오웰, 이한중 옮김, 『위건 부두로 가는 길』(한겨레출판, 2010), 47-48쪽.

5

공덕동
재래시장에서

이마트의 개장이 재래시장 전체에 미치는 영향은
즉각적이었다. 영세 상점이나 대리점의
매출은 절반으로 떨어지고,
시장에 출입하는 사람들의 수가 줄면서
식당들에는 손님이 격감하고 있다는 것이다.
상인들은 "이마트 직원 2백 명을 먹여
살리는 대신 4천 명의 우리 상인 가족들의 생계가
위협받게 됐다."고 말한다.

*

　재벌 대기업의 2세, 3세들이 제빵·제과점, 커피숍, 순대 사업을 비롯해 떡볶이 등의 분식에 이르기까지 돈 되는 데마다 무차별 진출해 사회적으로 큰 이슈가 되었다. 이마트·홈플러스·롯데마트·농협유통 등과 같은 대형 유통 업체들이 재래시장을 밀어내면서 보통 사람들의 삶의 터전을 송두리째 해체하는 일 또한 더 널리, 더 공격적으로 일어나고 있다. 우리에게 자유롭고 인간적인 경제생활의 공간은 얼마나 남아 있는가.

　일본 도쿄를 방문할 때면 나는 어떤 특별한 느낌을 갖곤 한다. 골목 상권이 살아 있고 이웃과 더불어 경제생활을 하는 공간이 있어서다. 그런 경제 공간이 유지될 수 있는 것은 도시의 주거 환경 자체가 우리와 많이 다르기 때문이다. 큰 규모의 현대적 건물과 작은 옛 건물들이 공존하고, 드문드문 산재해 있는 아파트 단지와 그 사이를 채우고 있는 전통적인 단독주택들이 잘 조화를 이루면서, 뒷골목에는 자영업자들과 영세 상인들이 운영하는 가게들이 활발하게 움직인다. 이런 일이 어떻게 가능했을까?

다른 이유도 많겠지만 한 가지 분명한 것은, 〈대기업 소매 점포에 관한 소매 영업 활동 조정법〉이라는 긴 이름을 갖는 소매상 보호법이 있었기 때문이다. 1930년대 제정된 이래 여러 차례 개정되고 법의 명칭도 달라졌지만, 이 법 때문에 대형 마트들의 진출을 제한하고 주거지역의 재래식 영세 소매상을 보호할 수 있었다.

법의 제정과 개정을 주관했던 통산성(현재 경제산업성)은 상인, 소비자, 지자체의 공익 대표를 참여시켜 장기간 논의하고 타협할 수 있는 협의 기구를 두었다. 대형 마트나 대형 소매 업체뿐만 아니라 영세 상인들의 참여와 대표 역시 균형적으로 이루어진다. 대형 매장이 들어설 때에는 한편으로 통산성의 엄격한 심사를 거쳐야 하고, 다른 한편으로 소매 영업자들에게 비토권이 주어진다. 법적 제도화를 통해 대기업과 영세 소상인들 사이에 일방적인 힘의 불균형을 방지한 것이야말로 일본 대도시의 생활환경과 경제활동을 인간미 있게 만든 토대였다고 할 수 있다.

이와 같이 관련 당사자들 사이의 이해관계를 균형적으로

고려하는 제도화의 전형적 원리는, 대기업과 중산층 그리고 노동자들의 이해관계가 공존할 수 있게 한 전후 독일의 '질서 자유주의'와 '사회적 시장경제'의 이념에서도 찾아볼 수 있다. 그런 원리가 일본의 자민당과 독일의 기민당이라고 하는 보수 정당의 주도로 실천되었다는 사실 또한 주목할 만하다. 우리는 어떨까?

**

필자가 방문한 마포구 공덕시장의 사례는, 대형 마트의 등장과 재래시장의 쇠퇴 내지는 소멸이라는 일반적 현상의 단면을 잘 드러낸다. 바로 2주 전 공덕시장에서 불과 2백 미터밖에 떨어지지 않은 곳에 국내 최대 유통 업체인 이마트 공덕 지점이 개장하면서, 그런 우려는 본격적인 현실이 되었다. 나는 이곳 재래시장 상인들의 이야기를 듣기 위해 오진아 마포구 의원의 안내로 '공덕시장상인회'와 '홍대걷고싶은거리 상인연합회' 사람들을 포함해 여러 사람들을 공덕시장의 명소인 '청학동부침개'집에서 만났다. 이들과의 대화를 통해 필자는, 재래시장과 대형 마트 사이의 갈등을 조정하고자 제정된 〈유통산업발전법〉의 실제 모습을 들여다볼 수 있었다. 1997년 제정된 이래 여러 차례 개정이 있었지만 법을 논의·심의·개정하는 과정에 중소 영세 상인들은 참여하지 못했다.

대형 마트 진입이 규제되기 시작한 2010년 11월 법 개정 때, 대기업들의 로비로 인해 대형 마트들이 들어올 수 있는 재래시장과의 거리 제한이 5백 미터로 규정되었다. 너무 가깝다는 비판 여론이 커지자, 2011년에 겨우 1킬로미터로 늘렸다고 한다. 2킬로미터도 부족하다고 보는 상인들 입장에서는, 졸속적이고 임시방편적인 개정이 아닐 수 없다. 공덕시장 근처의 이마트는 국회에서 이 같은 거리 제한 개정안이 통과되기 전에 건축 허가를 받았다. 건축 후 점포 개설 등록은 〈유통산업발전법〉 개정안이 국회를 통과한 이후였다. 법의 시행이 지자체의 조례·규칙을 따르도록 되어 있고 그 규칙이 제정되기 전에 등록을 받았다고 하니 위법이라고 할 수는 없을지 모른다. 그러나 입법 정신에 배치되는 점포 개설 등록이 옳은 행정적 처분이었다고 보기는 어렵다.

상인회 사람들은 건축 허가에서 점포 개설 등록까지 "모든 일이 007 작전 하듯 이루어졌다."고 말한다. 그러자 또 다른 사람은 재벌 유통 업체와 마포구청 사이의 보이지 않는 공조를 지칭하며 "그들을 어떻게 당해."라는 말을 덧붙인다. 내가 상인회 간부들에게 왜 건설 과정에서 문제 삼지 못했느냐고 물었을 때, 그들은 "가림막을 치고 공사를 해서 그냥 큰 건물이 들어서는 줄 알았지, 이마트인지는 몰랐다."고 말한다. 〈유통산업발전법〉이 만들어지고 시행자가 지방자치체로 지정됨에 따라 마포구 의회는 지난해 이른바 '상생' 조례를 제정했다. 조례에 따르면 구청장의 주관 아래 대기업과 재래시장의 중소 유통 기업 대표들, 주민 대표들이 참여해 상생발전협의회를 운영하게 되어 있다. 그러나 상인회 간부들은 이런 상생 조례가 현실과는 거리가 멀다고 한결같이 불만을 토로한다.

구청은 상인 보호는 고사하고, 상인회 대표들을 만나려 하지도 않는단다. 항의도 소용없었고, 구청장이 한나라당에서 민주당으로 바뀐 뒤에도 상황은 마찬가지라고 한다. 반대로 이마트의 개장이 재래시장 전체에 미치는 영향은 즉각적이었다. 영세 상점이나 대리점들의 매출은 절반으로 떨어지고, 시장에 출입하는 사람들의 수가 줄면서 식당들에는 손님이 격감하고 있다는 것이다. 명절 대목에도 청과물과 음식점 매출이 뚜렷이 줄어들었다고 말한다. 상인들은 "이마트 직원 2백 명을 먹여 살리는 대신 4천 명의 우리 상인 가족들의 생계가 위협받게 됐다."고 말한다. 주변 소비자들에게 이익이 되는 것도 아닌데, "처음에는 가격 인하를 통해 고객을 불러 모으고, 그래서 재래시장과 그 주변의 상점·대리점들이 가격 경쟁을 포기하고 나아가 공덕시장이 기능하지 못하게 되면 가격 인상을 시작할 것이기 때문"이다. 결국 소비자 이익도 시장 경쟁의 효율성도 발휘되지 못한다는 말이다.

***

이들의 말에는 한국 민주주의의 맹점, 나아가 한국 경제의 문제가 무엇인지 잘 드러나 있다. 많은 사람들이 이 모든 게 신자유주의 때문이자 경제에서 힘의 중심이 국가에서 시장으로 옮겨 갔기 때문으로 이해한다. 그러면서 다시 국가 쪽으로 힘의 중심을 옮겨야 하고 정부의 역할을 키워서 복지국가로 나아가야 한다고 주장한다. 내 생각은 다르다. 신자유주의의 핵심은 거대 기업이 주도하는 경제체제로의 전환에 있으며, 이는 국가와 대기업의 유착을 통해 이루어졌다고 보기 때문이다. 시장 경쟁의 이점 내지 시장 효율성을 추구한다는 신자유주의 옹호자들의 주장은 사실과 다른, 하나의 이데올로기일 뿐이다. 그간 실제로 있었던 일은 세계화라는 이름으로 소수의 거대 기업에 대한 규제가 완화되고 경쟁적 시장 질서가 대기업 중심의 독점 구조로 변화되었다는 데 있다.

여론 매체와 정부의 역할 역시 대기업의 이익에 부응하도록 변형되었다. 따라서 과거와 같이 '국가 대 시장'이라고 하는 이분법은 지금과 같은 경제체제에 대한 이해를 오히려 방해한다. 대기업은 시장의 한 부분이 아니라 시장과 국가 모두로부터 독립해 있고, 나아가서는 시장과 국가를 규제하는 제도적 실체가 되었다.

따라서 문제의 핵심은, 대기업의 과도한 영향력을 어떻게 제어할 수 있는지, 이들에 의해 변형된 국가 관료제와 여론 매체를 어떻게 변화시킬 수 있을 것인지, 대기업의 독점적 영향력으로 인해 파괴된 시장 경쟁과 효율성을 어떻게 복원할 것인지에 있다.

한마디로 말해 중소기업과 소매 업체들의 경제적 활력을 복원하는 일은 단순한 온정적 조치가 아니라 한국 경제와 한국 민주주의의 중심 문제라는 것이다. 선거를 앞두고 여야 정당들 모두 재벌 개혁과 경제민주화를 말한다. 그러나 아무도 중소기업과 소자영업자, 노동자와 같은 이해 당사자들의 참여와 대표의 문제는 말하지 않는다.

이들이 스스로를 조직하고 의사를 대변할 수 있는 자율적 결사체가 강화되지 않고, 대기업, 정부 관료, 주류 언론의 유착을 제어할 수 있을까? 사회적 힘의 관계를 더 넓게 다원화하는 작업 없이, 정당들이나 정치인들이 무정형의 여론 매체 위를 둥둥 떠다니며 공허한 개혁 언술을 남발하는 것으로 과연 무엇이 달라질 수 있을까?

6

농업과 농민 문제를
다시 생각한다

농촌이 이토록 피폐화된 사회가
과연 좋은 사회일 수 있을까?
농업의 붕괴 위에서
산업 발전이 지속 가능할까?
왜 농촌의 피폐와 농업의 붕괴는
방치되어 왔을까?
농민들의 요구와 불만은
왜 정책으로 수용되지 못했을까?

오늘의 농업·농민 문제를 생각하면 '극즉반'極則反이라는 말이 떠오른다. 견딜 수 없는 극에 다다라 반전이 불가피하다는 말의 뜻처럼, 더는 물러설 곳이 없다는 느낌 때문이다.

농업은 경제의 성공 신화를 주도했던 제조업과 지식·정보 산업의 눈부신 발전과 정확히 반비례하면서 퇴행해 왔다. 급속한 고령화와 인구 감소, 농가 부채 증가, 생산 비중 축소, 경제협력개발기구OECD 국가 중 가장 낮은 식량 자급률 등의 통계를 말하지 않더라도 상황이 얼마나 나쁜지는 우리 모두가 잘 알고 있다.

농촌이 이토록 피폐화된 사회가 과연 좋은 사회일 수 있을까? 농업의 붕괴 위에서 산업 발전이 지속 가능할까? 결코 그럴 수 없을 것이다. 그렇다면 왜 농촌의 피폐와 농업의 붕괴는 방치되어 왔을까? 농민들의 요구와 불만은 왜 정책으로 수용되지 못했을까? 농민이 지역적으로 산재해 있어 조직화되기 어렵다는 점도 원인이 될 수 있겠지만, 무엇보다 한국 정치가 노동자나 농민, 중소기업, 자영업자와 같은 생산자 집단들의 이익을 두고 경쟁하기보다 폐쇄적인 지역 갈등 구도에 얽매어 있었다는 데 기인하는 바 크다.

지난 10년 동안만 해도 농업인구가 22퍼센트나 급감해 이제는 겨우 3백만 명밖에 안 되는 열세 집단이 되었다는 점도 정당들이 그들에게 다가갈 유인을 줄이고 있다. 이런 악순환의 고리를 어떻게 단절할 수 있을까? 어떻게 하면 농업·농민 문제가 우리 사회의 중대 문제로 다시 논의될 수 있을까?

**

이에 대한 해답을 얻기 위해 나는 두 그룹의 농민운동 활동가들을 만났다. 전국농민회총연맹(이하 전농)의 이창한 씨는 386세대로 그 세대 여러 청년들이 그러했듯 브나로드운동에 투신한 러시아 인텔리겐치아처럼 직접 농촌에서 농사일을 하며 농민운동에 투신했던 산증인이라고 할 수 있다.

'변혁적 전선 운동'을 지향했던 전농은 1990년대 중반 우루과이라운드와 세계무역기구WTO가 출범할 때 농산물 수입개방 반대 투쟁의 전위부대로 정부 당국과 맞섰다. 흥미로운 것은, 지지하고 기대했던 김대중-노무현 정부에 들어서도 달라진 것이 없었다는 사실이다. 이들은 정부로부터 '뒤통수 맞는' 경험을 해야 했고, 자유무역협정FTA 반대 투쟁에서 또다시 전위부대로 나서야 했다.

정부 정책의 방향을 바꾼 것도 아니고 조직이 성장한 것도 아니었다는 점에서, 어쩌면 전농의 싸움은 자기 소진적이었을지 모른다. 이창한 씨 역시 "비판하고 반대하는 투쟁은 했지만 이슈를 선점하고 현실적 대안을 만들지는 못했다."고 말한다. 그렇다고 그들의 투쟁이 완전히 무용했던 것은 아니다.

정부는 농민의 불만을 무마하기 위해 예산을 지원하는 한편, 기술 영농과 품종개량을 확대했기 때문이다. 축산·과수·낙농 등 분업화된 업종을 중심으로 품목 단체들이 성장하게 된 것도 전농의 투쟁이 가져온 간접적 효과일지 모른다.

하지만 전농이 길고긴 고난의 역정을 거쳐 도달한 오늘의 상황은 기대한 바와는 너무나 다르다. 농민들의 경험담을 엮은 『농촌에서 온 편지』(한국농정, 2011)에는 다음과 같은 구절이 나온다. "그동안의 모든 농촌 정책은 실패했다. 그 실패는 고스란히 농민이 떠안아야 했다. …… 그 고통의 세월을 떠안고 사는 사람들이 지금의 농민이다."

다른 편지에서 한 농민은 "어쩌다 농업이 이 지경이 되었는가. …… 회의다 모임이다, 많이도 다녀 봤다. 엉뚱하게 경찰서에 끌려가기도 했고, 같은 농민에게 빨갱이 소리도 들어 봤다. …… 집사람은 구타를 당하기도 했다."고 말한다. 이런 이야기는 농민운동 활동가들이 갖는 좌절감을 그대로 보여 준다.

* * *

두 번째로 만난 그룹은 지역농업네트워크운동·협동조합운동·농정연구센터와 같은 단체에서 활동하는 지식인 내지 연구자 중심의 활동가들이었다. 그들의 중심적인 목표는 영농은 물론 육아·교육·의료 등을 제공할 수 있도록 유기적으로 연계된 자립적인 지역이자 삶의 공간으로써 대안적인 농촌공동체를 건설하는 데 있었다.

이들은 모두 농민 단체, 농협, 주민과 지자체 등 농촌공동체의 구성원들이 두루 참여해 농민들의 요구와 이익을 대표하고 공적 문제를 결정하고 운영하는 협치協治의 체계를 구축하고 싶다고 말했다. 그리고 그 중심 기구로 농업회의소를 들었다. 그것은 시·군 단위의 지부로부터 상향식으로 조직되는 농민 단체의 센터 역할도 하고, 지자체와 함께 대의 기구로서 역할도 하면서, 농민을 위한 실질적 사업을 전개할 수 있는 제도적 틀을 말한다. 유럽 노사 관계에서 말하는 코포라티즘 corporatism과 유사한 것으로, 이해 당사자와 공익 대표가 함께 참여하는 협의 및 결정의 체계라고 할 수 있다.

협동조합 건설에 집중해 온 김기태 소장은, "농업계는 계속 닥쳐오는 통상 정책의 변화에 대응할 여력이 없고, 전농이 싸움은 잘하지만 새로운 농업 문제에 대응할 능력을 갖지 못하고 있다."고 진단한다. 대안으로 그는 안전한 먹거리 공급과 식량 안보의 관점에서 생산자와 소비자, 농촌과 도시, 농업계와 비농업계를 묶는 네트워크의 형성을 주장했다.

지역농업네트워크운동을 주도하는 박영범 대표는 현실에 대한 정확한 진단, 농업 정책에 대한 올바른 이슈 제기, 대안적인 정책의 발굴을 통해 체계적으로 대응해야 함을 강조하면서, 항의와 투쟁 중심의 운동 방식이나 品目 단체의 이익집단 활동 모두에 한계가 있음을 지적한다. 농정연구센터의 황수철 박사는 "농촌은 한번 망가지면 복원하기 어렵기 때문에, 농업과 농촌이 지속 가능한 토대, 말하자면 사회 공동 자본을 마련해야 한다."고 강조했다.

이들 역시 우리의 농촌과 농업이 완전히 망가지기 직전 상태라는 위기의식을 갖고 있었지만, 인상적인 것은 어떻게든 사태를 개선해 갈 수 있는 공동 결정의 영역을 찾고자 한다는 점이었다. 그들은 농업이 우루과이라운드와 WTO 체제를 통해 개방 압력에 완전히 노출되면서, 이제는 어느 정도 면역력을 갖게 되었다고도 말한다. 농가 소득도 60세 이하만

계상하면 도시 평균 가구 소득보다 낮지 않음을 강조하기도 했다. 이런 점에서 소득 농업을 확대해 세계화에 대응할 수 있는 새로운 운동 기반과 주체 형성에 관심을 집중하고 있었다.

****

누구나 동의할 수 있듯이, 농업은 단순한 1차 산업이 아니다. 그것은 인간과 자연이 가장 가깝게 결합되는 생산 활동의 영역이기도 하고, 식생활과 건강이라고 하는 인간 공동체의 재생산 기능을 담보하는 영역이다. 튼튼한 농업 없이 누구도 경제생활의 쾌적함을 향유할 수는 없다. 따라서 농업 문제는 생산자와 소비자, 농촌과 도시, 농업과 비농업 분야 모두가 관심을 가져야 할 국가적이고 국민적인 문제라고 하겠다. 그렇다면 누가 이 문제를 개선할 수 있을 것인가?

국가와 농민운동 간의 엄청난 힘의 불균형을 생각할 때 과거 전농이 추구했던 변혁 노선이 성공하기는 힘들 것이다. 미국농업연맹AFBF처럼 자신들을 대표하는 의원들을 움직여 정책을 만들 능력도 갖고 있지 못하다. 대안적 농촌공동체를 지향하는 많은 아이디어들이 상당한 공감을 얻더라도, 누군가 그 길을 정치적으로 개척해 주기 전에는 실현되기 어려울 것이다.

필자는 1990년대 중반 우루과이라운드로 쌀 수입 개방 압력이 커지고 있던 시기, 일본 시코쿠 지방에 있는 고치현 농촌 마을의 한 노쿄農協 지회를 방문한 적이 있다. 당시 그들은 매우 실천적인 이익집단으로서 쌀 개방에 대응하는 전략을 토의하고 있었다. 영농 기술 제공부터 시장 정보 및 금융 지원과 같은 구체적인 사업도 진행했다.

집권 자민당은 노쿄와 강력한 연대를 구축하고 있었고 농민 이익을 대표하고 있었다. 이런 사실들이야말로 일본 보수주의가 갖는 강력한 사회적 기반을 보여 주는 징표가 아닐 수 없다. 이는 농민을 가볍게 여기고 농촌을 해체하는 정책을 펴는 한국의 보수정당들과는 크게 대비를 이룬다.

민주주의의 가치는 약자와 소외 세력을 보호하고 사회적 공존의 틀을 유지하는 데 있다. 그러나 아직까지 농업 정책의 결정 과정은 관련 이해 당사자 집단들의 참여가 배제되어 있다. 누가 이들의 요구를 조직하고, 이들의 이익을 대표하게 될까? 2012년 양대 선거에서 농민들은 자신들을 대변할 정당 대안을 만나게 될까? 그리하여 농민·농촌 문제에 대한 새로운 변화가 시작될 수 있을까?

3

성문이 일곱 개나 되는 테베를 누가 건설했던가?
책 속에는 왕의 이름만 나와 있다.
왕들이 손수 돌덩이를 운반해 왔을까?
그리고 몇 차례나 파괴되었던 바빌론
그때마다 그 도시를 누가 재건했던가? 황금빛 찬란한
리마에서 건축 노동자들은 어떤 집에 살았던가?
만리장성이 준공된 날 밤에 벽돌공들은
어디로 갔던가? 위대한 로마제국에는
개선문들이 참으로 많다. 누가 그것들을 세웠던가? 로마의 황제들은
누구를 정복하고 승리를 거두었던가? 끊임없이 노래되는 비잔틴에는
시민들을 위한 궁전들만 있었던가? 전설의 나라 아틀란티스에서조차
바다가 그 땅을 삼켜 버리던 밤에
물에 빠져 죽어 가는 사람들이 노예를 찾으며 울부짖었다고 한다.

젊은 알렉산더는 인도를 정복했다.
그가 혼자서 해냈을까?

시저는 갈리아를 토벌했다.
적어도 취사병 한 명쯤은 그가 데리고 있지 않았을까?
스페인의 필립왕은 그의 함대가 침몰당하자
울었다. 그 이외에는 아무도 울지 않았을까?
프리드리히 2세는 7년 전쟁에서 승리했다. 그 이외에도
누군가 승리하지 않았을까?

역사의 페이지를 넘길 때마다 승리가 나온다.
승리의 향연은 누가 차렸던가?
10년마다 위대한 인물이 나타난다.
거기에 드는 돈은 누가 냈던가?

그 많은 사실들.
그 많은 의문들.

__베르톨트 브레히트, 김광규 옮김, "어떤 책 읽는 노동자의 의문", 『살아남은 자의 슬픔』 (한마당, 2012), 104-105쪽.

7

청년들의 노동조합, 청년유니온

앞 세대와는 달리,
청년유니온 조직자들이 운동을
조직하게 된 동인과 추진력은,
그들이 직면하는 사회경제적 조건과
실제 생활 경험으로부터 나온,
자신과 동료들의 문제였다.
그래서 그들의 운동은 실제적이고
또 실용적이었다.

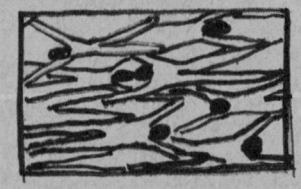

 선거 때마다 필자는 두 가지 의문을 갖는다. 하나는 복지나 재벌 개혁과는 달리 비정규직 문제는 왜 중대 쟁점이 되지 않는가이고, 다른 하나는 젊은 세대의 노동문제는 누가 대표하는가이다. 이 질문에 대한 답을 찾기 위해, 나는 하급 서비스직 부문에서 시급으로 일한 경험이 있는 청년유니온 조합원들과 인터뷰를 가졌다.

 이종필 씨는 피자 배달 일을 했다. 유사 업종에 비해 상대적으로 임금은 높았지만 오토바이 사고 위험이 컸다. 그는 대학 시절 학생운동을 했고, 청년유니온 1기 조직팀장을 지냈다.

 서유란 씨는 해외 일자리를 찾기 위해 네일아트 기술을 배울 학원비를 충당하고자 대형 마트 안에 있는 베이커리에서 일을 하는 시급 노동자였다. 2012년 청년유니온 대의원으로 선출되었다.

이수민 씨는 신용 정보사의 정규직 직원이다. 월 120만~130만 원의 급여로는 부족해 퇴근 후 집 근처 커피 가게에서 일주일에 4일, 저녁 8시에서 새벽 1시까지 월 40만~45만 원의 추가 수입을 위해 일을 한다. 현재 청년유니온 홍보팀장이다.

대학 재학 시절 학생운동의 일환으로 청년유니온 창설에 참여했던 김형근 씨는 24시간 편의점에서 주 3일, 밤 11시부터 아침 8시까지 야간 근무를 했다. 현재 청년유니온 사무국장으로 활동하고 있다. 이들로부터 듣는 청년유니온 이야기는, 내게는 무척 생소하면서도 매혹적이었다.

**

새로운 형태의 이 노동조합은 2010년 3월에 출범했다. 2012년 현재 전국 조직으로서 5백여 명의 회원이 있다. 취업의 어려움, 불안정한 고용조건, 불투명한 미래, 등록금 압박, 경쟁 가열화 등으로 촉발된 젊은 세대의 정치 참여와 그로 인한 투표율 증가가 선거 지형을 크게 바꾸기 시작한 것은 2010년 6월 지방선거 때였다.

청년유니온의 시작은 그보다 시기적으로 앞서거나 최소한 중첩된다. 그런 정치 변화를 그들이 선도한 것은 아닐지 몰라도, 누구보다 먼저 행동에 나선 것은 분명하다. 2012년 총선은 그런 변화의 연장선에서 치러졌고, 따라서 젊은 세대에 어떻게든 어필하려는 것이 한때 정당들의 최대 관심사였다.

그러나 지금에 와서 보면 책임 있는 정책적 대안보다 청년을 공천하는 것 그 자체에 매몰된 느낌을 받게 된다. 여전히 우리 사회의 청년 노동문제는 아직 중대 정치 의제가 되지 못했다고 할 수 있다. 청년유니온 역시 야당들의 비례대표 후보 선출에 적극적으로 참여했으나 결실을 얻지 못했다.

청년유니온은 이제 비로소 첫 번째 임원 임기를 마쳤고, 2012년 2월 총회를 통해 2기 간부진을 선출한 아주 젊은 조직이다. 필자는 몇 가지 이유에서 이 새로운 신생 노동운동의 실험에 주목한다.

***

첫째, 학생운동이 노동운동으로 변화되는 과정에서 과거와는 다른 방식을 발전시켰고, 두 운동 모두에서 질적 변화를 수반할 가능성이 크다는 점이다. 1980년대 학생운동은 노동 현장으로 이어져 사실상 한국 노동운동의 지도 세력 및 지도 이념을 만들어 냈다.

여기에서 특징적인 것은, 대부분 교육받은 도시 중산층의 배경을 가진 이들의 노동운동이 자신들의 실제 사회경제적 삶의 조건에서 나온 것은 아니었다는 점이다. 즉 그들의 운동과 그들의 계급은 서로 분리된 것이었다. 따라서 실제 노동자들의 삶의 조건 내지 사회경제적 권리를 향상시키는 데 운동의 중심이 두어졌던 것이 아니라, "반제 민족 해방" 또는 "사회주의 노동 해방"의 이념에 '복무'하려 했다.

그것은 일종의 '중산층 급진주의' 내지 '정서적 급진주의'의 성격을 갖는 것이었고, 지금도 그 유산은 '내용 없는 언어들의 공격성'이나 '진리를 독점한 듯 내세우는 도덕적 우월 의식' 등의 형태로 표현되고 있다. 그러나 앞 세대와는 달리, 청년유니온 조직자들이 운동을 조직하게 된 동인과 추진력은, 그들이 직면하는 사회경제적 조건과 실제 생활 경험으로부터 나온, 자신과 동료들의 문제였다. 그래서 그들의 운동은 실제적이고 또 실용적이었다.

김형근 씨는 "대졸자가 좋은 일자리를 갖는 것은 6퍼센트일 뿐이다. 그 가운데 정규직은 임금수준도 높고 노조도 있다. 반면에 대부분의 청년들은 무권리 상태이다. 기존 노조의 벽은 높다. 우리 문제를 해결하기 위해 우리들의 조직이 필요했다."고 말한다.

이종필 씨는 "시간제 아르바이트, 학비 조달, 취업 불안, 고용 불안정, 저임금 문제들에 대해 당사자들이 스스로 문제를 제기하고 여론화·의제화하는 것이 필요했다."고 말한다. "당사자 스스로" 문제 해결자로 나선다는 말이 특별하게 들렸다.

＊＊＊＊

둘째, 사업장에 기반을 둔 기존의 경직적 조직 형태가 아니라 온라인 공간을 활용하는 유연하고 개방적인 조직 형태가 가능해짐에 따라, 종래에는 조직하기 어려운 광범한 하급 서비스 부문 노동자들을 조직할 수 있는 가능성이 열렸다는 사실이다. 조직화를 위한 별다른 자원을 갖지 않은 사람들이 인터넷 매체라는 통신수단에 힘입어 전국적인 조직화를 할 수 있게 된 것이다.

그들은 임원 선출에서부터 의제에 관한 토의, 회원 간의 의사소통 등 많은 활동을 온라인 공간에서 하고 있다. 운영에 드는 비용을 최소화할 수 있으니 조합비 부담도 낮다. 처음 한나라당 소속 서울시장이 노동법을 위배하면서까지 청년유니온에 노조 신고 필증을 주지 않으려 했던 것은, 광범한 청년 노동자들의 조직화를 우려했기 때문이었는지도 모른다.

실제로 청년유니온은 작은 조직임에도 불구하고 많은 하급 서비스 부문 노동자들과 회원들에게 실질적인 도움을 주고 있다. 2011년에는 유명한 커피 전문점들을 상대로 수천만 원의 주휴 수당을 받아 내, 수백 명의 아르바이트생들에게 뒤늦게나마 체불된 임금의 한 부분을 돌려주는 큰 성과를 올리기도 했다.

이수민 씨는 처음 인터넷을 통해 청년유니온을 알게 됐다고 말한다. 무료 상담을 받으면서 〈근로기준법〉에 따른 주휴 수당을 청구할 수 있다는 것, 그리고 최저임금이 영국의 절반도 안 된다는 사실도 알게 됐다. 그녀는 "자신의 삶에 희망을 크게 안 가졌는데 노조 활동이 큰 위안을 준다."고 말한다.

서유란 씨는 청년유니온의 무료 상담 덕분에 주휴 수당과 가산 수당을 받았다. 지금은 청년유니온 활동을 통해 "우리 사회의 여러 문제에 대해 많이 알게 됐다."고 말한다.

*****

셋째, 청년유니온 같은 세대 노조의 발전은 민주주의에서 대표의 직접성을 확대하고, 정당으로 하여금 그들이 공약한 사회경제적 사안에 대해 책임성을 갖게 하는 역할을 한다. 민주화 이후 한국 정치는 밑으로부터의 시민 참여보다는 지식인과 전문가 엘리트 집단의 참여만을 확대시켰다.

그러는 사이 불평등과 양극화는 심화되었고 하층 배제적인 차별 구조는 개선되지 못했다. 민주화의 효과가 갖는 이런 계층적 편향성만큼 우리를 우울하게 하는 것도 없다. 이런 조건에서 양극화된 노동시장의 문제를 집약하고 있는 신규 노동시장 진입자들의 권익과 의사를 대표할 수 있는 방향으로 변화의 물꼬를 트는 데 청년유니온의 기여가 결정적일지 모른다는 기대를 갖게 한다.

이들은 정치 참여에 있어 상당히 장기적인 안목을 갖고 있었고, 매우 유연하고 현실적이었다. 이념적 성향에서 다원적이며, 실용적인 관점에서 현실 정치에 능동적으로 대응하고 있음도 느낄 수 있었다. 김형근 사무국장은 경제민주화라는 포괄적인 테두리 안에서 파트타임 노동자들의 근로조건과 저임금 구조, 정규직·비정규직 양극화, 고용 불안정 문제를 개선하는 의제들을 꾸준히 밀고 나갈 것이라고 강조한다.

이를 위해 그들은 새누리당을 제외하고는 여러 다른 정당들과 연대할 준비가 돼있고, 정치권 밖의 기존 노동운동은 물론 여러 다른 운동 조직들, 시민 단체들과 적극적으로 연대를 추구할 것이라고 말한다. 어쨌든 민주화 운동 시기 앞 세대의 노동운동에 비한다면, 이들 세대의 노동운동은 정치 참여를 포함한 모든 문제에서 교조적이기보다는 훨씬 실천적이었다.

아직 맹아적 단계에 있기 때문에 청년유니온이 어떤 발전의 궤적을 그릴지는 예측하기 어렵다. 그러나 이들 4인의 청년유니온 활동가를 통해 받은 인상은, 이념과 정파에 의해 계도된 과거의 노동운동과는 분명 다른 것이었다. 그들은 환상에 빠져 있지 않았고 철저하게 실제의 현실과 대면하고 있었다.

이런 절제된 태도야말로 한국의 노동운동과 민주주의 발전에 꼭 필요한 덕목이 아닐 수 없기에, 그들과의 짧은 만남에서 나는 희망을 보았다.

8

다시, 변화의 중심에 선 젊은 세대

젊은 세대들이 직면하고 있는
문제들은 기존의 성장 정책이 갖는
구조적인 문제를 개혁하지 않고는
해결이 불가능한 것처럼 보인다.
이제 그들은 정치를 좋아하든 싫어하든,
현실의 정치 문제에 관심을 갖지
않을 수 없게 되었다. 나는 학생들이
스스로의 상황을 어떻게 이해하고 있는지
직접 듣고 싶어졌다.

*

 대학생들이 주도했던 1980년대의 민주화 운동으로부터 한 세대가 지난 지금, 또다시 젊은 세대가 한국 정치 변화의 진원지로 떠오르고 있다.

 그동안 정치에 무관심하고 투표도 잘 안 한다는 비판을 받았던 그들이 최근 들어 투표도 열심히 하고 복지와 분배 이슈를 지지하는 투표 성향을 보여 주고 있다. 그 결과 현실에 안주해 있던 정치권과 정당 체제 전반에 엄청난 충격 효과를 불러왔으며 선거 때마다 커다란 파장을 일으킬 것으로 기대되고 있다.

 오늘의 젊은 세대들은 왜 다시 적극적 시민으로 등장하게 되었는가? 일시적인 현상인가 아닌가? 일시적인 것이 아니라면 이들 젊은 세대가 보여 주고 있는 불만과 요구의 정치적 표출은 한국의 정당 체제에 어떤 바람직한 변화를 가져올 것인가?

그 결과가 어떻게 나타나든 이를 일시적인 현상으로 볼 수 없는 이유는 확실하다. 그동안 국가의 성장 일변도 경제정책이 화려한 성공을 가져왔지만, 그것이 가져온 부작용, 말하자면 고용 증가를 동반하지 않는 성장, 실업 증가, 취업의 어려움, 정규직·비정규직으로의 노동시장 양극화, 소득분배 구조 악화 등은 자살률 증가, 출산율 급락과 같은 심각한 사회 해체 효과를 만들어 냈다.

성장과 그것의 부정적 효과라는 명암이 극명하게 교차하는 이런 사회가 사람들에게 행복을 가져다줄 수는 없다. 오늘의 젊은 세대는 바로 이런 부작용을 전면적으로 감당해야 하는 경계에 위치해 있다. 이제 젊은 세대들이 직면하고 있는 문제들은 기존의 성장 정책이 갖는 구조적인 문제를 개혁하지 않고는 해결이 불가능한 것처럼 보인다. 이제 그들은 정치를 좋아하든 싫어하든, 현실의 정치 문제에 관심을 갖지 않을 수 없게 되었다.

이런 문제들을 생각하면서 나는 학생들이 스스로의 상황을 어떻게 이해하고 있는지를 직접 듣고 싶어졌다. 그래서 얼마 전 대구 가톨릭대와 목포대를 방문해 강연도 하고, 제법 많은 학생들과 만나 자유로운 대화를 나눌 기회를 갖게 되었다.

대구나 목포에서 학생들은 "지방대이기 때문에 취업 기회를 잡기 위한 정보가 부족"하고 "토플 영어를 준비할 수 있는 모임이나 기회가 제한적"이라는 애로를 공통적으로 말하면서 지방대학의 불리한 점을 토로한다. 게다가 내가 만난 학생들은 거의 대부분 학비를 보조하기 위해 알바를 하고 있거나 한 적이 있었다.

목포대에서 만난 한 학생은 "대기업에 들어가고 싶은데 어렵고 중소기업은 밤낮으로 일해서 180만~2백만 원밖에 못 받고, 그것도 2년 계약 비정규직인지라 한두 달은 하겠는데 평생직장으로 생각하기는 어렵다. 정규직과 비정규직 간 노동시간과 임금의 격차를 줄여야 한다."고 말한다.

목포대의 후배 교수는 지역 경제가 낙후되어 있어서 취업에 구조적으로 불리한 상황을 극복할 수 없는 현실이라고 말했다.

**

오늘날 한국 사회의 젊은 세대들은 취업을 위한 노동시장에서 두 종류의 불평등 구조로 고통 받고 있다.

첫째는 대학 서열화가 가져오는 불평등과 양극화이다. 이는 직업, 직능 기술 교육을 배제한 일반교육 중심의 대학 제도와 직접적으로 관련된다. 그것은 모든 사회경제적 직업·직종이 단일한 위계 구조로 배열돼 있는 고용의 수요 측면과, 그에 상응해 스펙과 서열화된 대학에 매달리는 인력의 공급 측면이 짝을 이루는 악순환 구조를 만들어 냈다.

이 구조는 가히 "1퍼센트를 위한 99퍼센트의 희생"이라는 말에 비유될 법하다. 왜냐하면 좋은 직장에 들어가는 극히 소수의 취업과 성공을 위해 압도적으로 많은 수가 '그 밑을 깔아주는' 열패자의 지위에 놓이기 때문이다. 이 때문에 소요되는 개인적 희생과 사회경제적 비용이 얼마나 크고, 지방대생들의 좌절감이 얼마나 큰가는 더 말할 것도 없다.

둘째는 하층 노동시장에 위치한 젊은 세대들이 대면하는 대기업·중소기업 간, 정규직·비정규직 간의 양극화 문제이다. 고용에 대한 중소기업의 기여가 압도적이라 하더라도 젊은 세대들이 중소기업 취업을 꺼리는 이유도 있다.

아무리 취업이 어렵다 해도 비정규직으로서 임금도 낮고, 고용조건도 나쁘고, 전망도 없고, 노동자들의 권익 보호를 위한 노동 관련 기본법들도 효력을 갖지 못하는 하청 중소기업 취업에 삶의 미래를 걸 수는 없기 때문이다. 그 결과 중소기업의 고용 수요와 젊은 세대들의 취업 희망 사이에 뚜렷한 불일치가 만들어질 수밖에 없었다.

***

　나는 학생들과 대화하면서, 왜 '안철수 현상'이 나타날 수밖에 없었는지를 실감했다. 대구에서나 목포에서나 학생들은 공통적으로 "정당 간에 차이가 없다."고 말하고 "정당들이 대안 없이 너무 투쟁에만 몰두"하는 데 대해 강한 불만을 토로하는 한편, 안철수에 대해서는 "취업난에 허덕이는 우리들의 좌절에 공감하고, 우리에게 용기와 위로를 준 것에 대해 깊은 인상을 갖는다."고 말했다.

　안철수가 베스트셀러 작가인 김난도와 다른 것은, 좌절감에 빠진 젊은이들의 내면의 소리에 귀 기울이고 그들의 안타까운 마음을 위로하는 감성적 접근에서는 비슷하지만, 중소기업에 대한 재벌 대기업의 횡포, 양질의 일자리를 제공하지 못하는 잘못된 생산 체제, 젊은이들의 창의력을 억제하는 경쟁 만능의 잘못된 사회 운영 원리와 같은 근본적인 문제들을 회피하지 않았다는 점이다.

　폐쇄적 계층화라는 '칸막이 사회'의 막힌 통로에 갇혀 (취업·결혼·출산을 포기한) '삼포 세대'임을 자조하면서 좌절감에 빠진 젊은이들을 향해, 이 사회를 희망을 가질 수 있는 사회로 바꾸자고 말하는 그의 메시지는 강력했고 커다란 공감을 불러오는 것이었다.

　그러는 동안 기존의 정당들은 마땅히 자신들이 문제를 제기하고 해결하려 시도했어야 할 사회경제적 과제들에 무관심했고, 진보 진영은 '반신자유주의', '비정규직 철폐'와 같은 공허한 구호를 내세우는 것으로 일관했다. 다시 말하면 민주당과 진보 정당들이 남겨 놓은 빈 공간을 '청춘 콘서트'가 휘젓고 다닐 수 있었던 것이다.

이 점에서 안철수 현상은, 앞으로 그의 행적이 어떠하든 또 그것의 정치적 결과가 어떠하든, 젊은 세대들의 자기 발견과 정치적 각성을 가져왔다는 점에서 한국의 정치발전에 기여했다.

****

기성 정당에 대한 학생들의 비판은 예상한 대로였다. 대구의 학생들은 지역주의가 여전히 현실 정치의 중심 요소라는 점을 날카롭게 지적한다. "한나라당 지지자는 야당 지지자를 극도로 싫어하고, 민주당 지지자는 이 정부를 무조건 반대한다."고 양쪽 모두를 비판하기도 한다. 그래서 "누가 돼도 같으니까 기왕이면 지역 발전에 도움이 되는 사람 찍을 것"이라는 현실론을 편다.

다른 학생은 "지금의 진보 정당이 과연 노동자의 이익을 대변하는지 의심스럽다. 투철한 계급의식을 가진 진보 세력이 없다."고 불평한다. 목포대의 한 학생은 그래도 지지하는

당은 민주당이지만 "도덕성이 없다."고 말한다. "안철수의 이미지는 강하지만, 기업가 역할밖에 업적이 없고, 정당의 지원 없이 정치를 잘할 수 있을지 의문"이라는 데 동의하는 학생도 여럿이었다. 학생들과의 대화에서 내가 느꼈던 것은, 정치에 대한 그들의 관점이 무척 성숙하고 균형적이라는 점이었다.

그들은 기성 정당들의 행태를 비판했지만 민주주의에서 정당의 중심 역할을 부정하지는 않았다. 무엇보다 그들은 비전과 정책에서 차별성을 갖는 정당을 기대했다. 그들은 제대로 된 이념 정당을 기대하면서도, 진보의 객관성 결여와 공격적 언사에 대해 강한 반감을 드러냈다.

'세대 구도', '세대 갈등', '2040세대'라는 말이 표현하고 있듯이 지금 많은 사람들은, 젊은 세대들이 안정적인 투표 블록을 형성하는 것을 통해 기성 정당 체제에 외부적 충격을 가해 사회경제적 이슈를 중심으로 새로운 대립 축이 형성될 수 있기를 기대하고 있다. 그것은 낙후되고 기득 이익에 안주하고자 하는 기성 정당 체제가 개혁되는 것을 의미한다.

이런 기대가 희망적 사고에 그치지 않고 실제 변화를 가져오기 위해서는 정당들과 정치인들이 스스로 변하거나 아니면 변화를 강요할 수 있는 강한 충격이 외부로부터 가해져야 할 것이다. 대구와 목포에서 나는 그 변화의 중심에 오늘의 젊은 세대들이 서있음을 보았다.

4

"우리는 경제의 힘을, 억만장자들이 몇 명이고 포춘지 5백 대 기업들의 이익이 얼마인지로 평가하지 않는다. 우리는 아이디어를 가진 누군가가 새로운 사업에 도전할 수 있는지, 손님에게 받은 팁으로 살아가는 웨이트리스가 일자리 잃을 걱정을 하지 않고도 아픈 아이를 돌보기 위해 하루 휴가를 낼 수 있는지를 가지고 평가한다. 우리는 노동의 가치와 존엄성을 소중하게 생각하는 경제를 만들려 한다."

__2008년 버락 오바마의 민주당 대통령 후보 수락 연설 중에서.

9

이주 노동자, 합법과 불법 사이에서

이주 노동자에게 허용된 법적 체류 기간은
5년이고 이제 하이는 두 달이 남았다.
송금을 절실히 필요로 하는 가족이 있기에
그는 이 두 달 안에 불법 체류자로 남느냐,
아니면 어쩔 수 없이 귀국하느냐 하는
진짜 어려운 결정을 해야 한다.

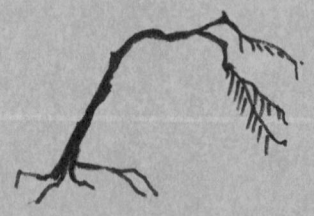

*

이주 노동자 문제는 우리 사회 모든 영역에서 다양한 형태로 일상 속 깊숙이 들어온 지 오래다. 2011년 9월 집계된 공식 통계만 보더라도 중국 동포 47만 명을 포함해 외국인 체류자는 142만 명에 이른다. 이주 노동자 72만 명 가운데 불법 체류자가 17만 명이나 된다. 이주 노동자의 규모는 계속 크게 늘고 있다.

그런데도 이 문제에 대한 진지한 논의가 많지 않은 것은 이상한 일이 아닐 수 없다. 외국인과의 결혼이 증가함에 따라 '다문화주의' 담론이 넘쳐 나는 것과는 너무 대조적이다. 문제의 실상은 어떤가? 그들은 무엇을 원하고, 우리는 무엇을 생각해 봐야 할까?

＊＊

이런 질문을 갖고 처음 찾아간 곳은, 경기도 광주시 초월읍 용수리에 있는 한 비닐하우스 농장이었다. 로즈마리·제라늄·페퍼민트 등 3백여 종의 허브 식물을 재배해 가까이 위치한 송파 지역 화원들과 양재동 꽃시장에 공급하는 이 농장의 작업은 베트남과 중국에서 온 대여섯 명의 노동자들이 전담했다.

베트남 중부의 작은 마을에서 온 30대 후반의 '하이'는 거의 5년간 이곳에서만 일했다고 한다. 그는 농장 내 비닐하우스 가건물 숙소에 살면서 하루 열 시간을 일하고 한 달에 두 번 일요일에 쉰다. 이제는 상당한 기술자가 돼서 월 180만 원을 받는다고 한다. 자신의 노동조건을 만족스러워하는 그에게 가장 바라는 것이 무엇인지 묻자, "한국에 법적으로 더 체류할 수 있는 것"이라고 말한다. 베트남의 같은 지방에서 온 '화'라는 이름의 여성 노동자는 체류한 지 3년째가 됐고 120만 원을 받는데, 그녀의 바람도 같았다.

이주 노동자에게 허용된 법적 체류 기간은 5년이고 이제 하이는 두 달이 남았다. 송금을 절실히 필요로 하는 가족이 있기에 그는 이 두 달 안에 불법 체류자로 남느냐, 아니면 어쩔 수 없이 귀국하느냐 하는 진짜 어려운 결정을 해야 한다.

같은 용수리에서 휴대폰과 카메라 부품 제조 및 광택 내는 일로 3차 하청 공장을 운영하는 최길동(가명) 사장은 나를 안내해 주면서, 엄격한 체류 기간의 제한은 이 지역 이주 노동자들이 직면한 최대 문제라고 말한다. 중국 동포 노동자들의 사정은 그와는 전혀 달랐다.

지린성 화뎬 시에서 왔다는 70대 초반의 김영조 할머니는 12년 전 한국에 와 미나리 공장에서 일했고, 이 농장에 온 지는 9년이 됐다는데, 여권 체류 기간이 10년이어서 다시 10년을 갱신했다고 한다. 농장이 식당보다 훨씬 일하기 좋다고 하는 김 할머니는 아들과 며느리, 손녀 모두 중국에 살고 있지만, 형편이 허용하면 자신은 한국에 남아 살고 싶다고 말한다.

* * *

이날 인터뷰에서 알게 된 것은, 보통 한국 국적이 없는 모든 노동자를 이주 노동자라고 생각하지만, 합법적 취업 가능 여부를 결정하는 법적 지위의 차이로 인해 중국 동포 노동자와 여타 이주 노동자의 고용조건이 확연히 달라진다는 점이다. 중국 동포 노동자가 아닌 이주 노동자는 5년 노동 시한이라는 장벽을 피할 수 없다. 이런 제도는, 법의 취지가 그것을 의도했든 안 했든, 이들을 법의 보호 밖으로 내모는 효과를 갖는다.

〈근로기준법〉 6조는 '국적'이 다르다고 "근로조건에 대한 차별적 처우를 하지 못하"도록 규정하고 있다. 그러나 한국 국적의 노동자들에게도 제대로 적용되지 않는 법 조항이 이주 노동자들에게 적용될 리 만무하다. 이런 환경은 억압적인 고용 관계와 더불어 임금 체불, 산업재해, 구타, 차별, 성폭행과 같은 인권침해 문제를 불러왔다.

법의 영역 밖에서 고립무원에 처한 그들은 인권침해 행위에 항의하는 권리 주장이나 단체 행동은 고사하고 불법체류 신분이 발각될까 두려워 행동을 극도로 자제하고 활동 공간을 좁게 한정한다. 이때 이주 노동자들에 대해 생살여탈권을 쥔 이 제도의 집행자가 부정과 비리를 저지른다면, 상황은 최악이 될 수밖에 없다.

최 사장은 출입국관리소 사복 경찰관들의 부정부패 사례란 결코 드문 일이 아니라고 말한다. 어떤 경우는 한 사람이 3~4개월 간격으로 한 번에 5백만 원씩 뜯어 가기도 했단다. 이런 공직자 비리는, 이주 노동자들이 몸 바쳐 일한 고통스러운 노동의 대가를 빼앗는 반인륜적 행위가 아닐 수 없다.

****

내가 방문한 또 다른 곳은 가리봉동에 위치한 '지구촌사랑나눔' 센터였다. 미취업 노동자와 숙소가 없는 남녀 노동자들이 1백 명 넘게 먹고 자는 대규모 식당과 쉼터, 병든 노동자가 치료를 받을 수 있는 병원, 이들이 갈 수 있는 교회, 아이들 학습실, 노동 상담과 취업 소개 등 이주 노동자들이 가장 필요로 하는 모든 것을 제공하는 진짜 종합 센터였다.

헤이룽장 성 닝안 현에서 온 계인숙 할머니는 김포에 있는 가방 공장과 대전에서 식당일을 한 경력이 있고, 지린 성 옌지에서 온 김용철 씨는 건설공사의 바닥 미장일이 전문으로 여러 곳을 옮겨 다녔고 인천 공항 확장 공사에도 참여했다고 한다.

1990년대 중반 한국에 온 이들은, 한때 불법체류 노동자였으나 2004년 이후 〈재외동포의 출입국과 법적 지위에 관한 법률〉(재외동포법) 개정, 방문 취업제 도입 등의 제도 변화에 힘입어 합법적으로 취업할 수 있게 되었다고 한다. 두 사람은 센터 내에 있는 중국 동포 교회에서 일을 보고 있었다.

우즈베키스탄인 '미샤'는, 불법 이주 노동자의 가장 비극적인 사례가 아닐까 한다. 사마르칸트에 가까운 가르시가 고향이고, 결혼해서 두 아들을 둔 그는 지금은 40대 후반이지만 13년 전 젊은 나이에 한국에 들어와 원단 공장, 미싱 회사, 가축 농장 등 여러 종류의 직장에서 월 20만~30만 원밖에 못 받고 일했다고 한다.

그 사이 그는 불법체류 노동자가 됐고, 어느 날 건설 공사판에서 목수 일을 하던 중 교통사고를 당해 다리가 부러지고 고관절을 다쳐 일을 못한 지 벌써 4년이 됐다. 결국 이곳 센터에 의탁해 기약 없이 살고 있는 신세가 됐다. 미샤는 서툰 한국말이지만 "외국인들은 너무 힘들어. 불법 무서워. 중국 동포들은 지금 합법화됐어요."라며 탄식한다.

 왜 수술하지 않느냐는 질문에 돈도 많이 들고, 한 번으로 끝나지 않는 큰 수술이어서 무섭다고 말한다. 돈이 없어서도 그렇지만, 불심검문 때문에 건물 밖을 멀리 벗어나는 것도 무섭다고 한다. 목발을 짚고 걸어 나가는 그의 뒷모습을 보는 마음이 한없이 무거웠다.

*****

이 센터를 운영하는 김해성 목사는 지난 20여 년간 이주 노동자들의 인권과 지위 향상을 위해 헌신해 온 인권 운동가였다. 한때는 이주 노동자의 90퍼센트가 불법 체류자였고, 인권침해가 다반사여서 '현대판 노예제도'라고 할 만한 상황이었지만, 그래도 그때에 비하면 지금은 많이 좋아졌다고 말한다.

 여기까지 오는 데만 하더라도 김 목사를 필두로 여러 인권 운동가들이 정부 당국에 수없이 항의하고 탄원하고 이슈를 만들면서 경찰에 맞고, 구속 수감되는 희생이 있었다. 최소한의 인간애를 배워 가는 데 있어 이들 선각자에게 빚진 바 크다고 하겠다.

 그러나 이주 노동자들의 인권과 사회 보호 확대라는 면에서 가야 할 길은 아직도 멀다는 게 모두의 공통된 생각이었다. 최근 출간된 이세기 시인의 『이주, 그 먼 길』(후마니타스, 2012)

역시 이주 노동자들의 꿈과 현실 속에서 그걸 말하고 있었다.

그러나 그 먼 길도 필요하다면 재촉해서 가야 할 것이다. 이주 노동자를 위한 복지 체제가 있어야 한다. 그것은 정부가 할 일이다. 이주 노동자도 자신이 목소리를 낼 수 있도록 노사 관계가 개선돼야 한다. 그것은 사용자단체와 노조가 나설 일이다. 이주 노동자 보호 입법도 필요하다. 제대로 된 정당이라면 피해서는 안 된다.

어느 나라든 이주 노동자 유입을 개방하는 데는 한계가 있고 일정한 제한이 없을 수 없겠지만, 고용주의 신원보증을 통해 고용 허가를 연장해 주는 제도를 도입할 수는 있다. 이 경우 나타날 수 있는 문제점들은, 이주 노동자 청원을 전담 처리하는 지역 노동위원회나 노동 법원을 설치해 개선할 수 있을 것이다.

서비스 부문이나 3D 업종에서는 이주 노동자의 공급을 더 원하는 반면, 건설업에서는 내국인 노동자의 고용 기회를 줄이는 결과를 가져올 수도 있다. 그것 역시 업종별 고용 쿼터제를 두거나 노조와 사용자단체 간의 협의를 통해 풀어 갈 수 있다. 뭐든 안 되는 것은 없다. 이주 노동자의 합법화를 위한 제도 개선은 중요하다. 이 문제가 정책적 필요에서뿐만 아니라 한국 사회의 도덕적 책임이기도 하다는 것을, 나는 이들과의 만남을 통해 더 분명히 알게 되었다.

10

누가 신용 불량자 문제를 만들었는가

그녀는 왜 수입이 더 나은 일자리를
찾지 않을까. 신용 불량자라는
전력이 있기에 점포의 계산대나
콜센터 서비스와 같이 돈·신용과 관계된
일자리를 가질 수 없다.
신용카드도 만들지 못한다.
휴대폰도 갖지 못한다.
그녀가 먹고살기 위해 할 수 있는 일이란
실로 한정된 것이다.

　신용 불량자는 경제적 시민권을 사실상 박탈당한 상태에서 그 어떤 사람들보다 힘든 일상의 삶을 견디며 살아가는 사회집단이다. 중소 상인, 노동자, 자영업자, 교사 등과 같이 공식적인 경제구조에 상응하는 직능 내지 계층적 사회집단들과는 달리, 신용 불량자들은 IMF 외환 위기 이후 상대적으로 진보적이라 여겨지는 민주 정부의 신자유주의적 정책에 의해 비교적 단기간에 만들어진 아주 새로운 사회집단이다.

　공식 통계에 따르면 신용 불량자는 2004년 380만 명을 정점으로 이후 감소되었다고는 하지만, 현재는 공식 집계조차 발표하지 않고 있다. 이 분야의 대표적인 연구자로서『대출 권하는 사회』(후마니타스, 2011)라는 책을 낸, 한림국제대학원대학교 정치경영연구소 김순영 박사는 최근엔 상황이 더욱 나빠져 가계 부채가 1천조 원에 이르렀고 사채를 이용하는 금융 약자들이 5백만~6백만 명 정도로 추정된다고 말한다. 750만 명이 신용 불량의 경계에 있다고 말하는 사람들도 있는데, 관측자들이 공통적으로 지적하는 것은 이들의 80퍼센트 이상이 저소득 서민 계층이라는 것이다.

   필자는 신용 불량자들을 만나 실제 그들의 얘기를 들어 보고 싶었다. 어떻게 해서 그들은 신용 불량자가 되었고, 신용 불량자로서의 삶이란 대체 어떤 것이며, 이들의 문제가 정부나 정당에서 어떻게 다뤄지는지를 알아보고 싶었다.

**

구로구 궁동에서 만났던 박영신(가명) 씨는 초등학교 4학년인 큰아이를 포함해 세 자녀를 둔 30대 중반의 젊은 여성이다. 현재는 남편과 별거 중에 있으며 암 투병 중인 친정어머니를 모시고 산다. 남편과 함께 동대문시장에서 의류 점포를 운영하던 박 씨는 2005년부터 장사가 안 되기 시작하자 이자 비싼 줄도 모르고 신용카드로 현금 서비스를 받았다.

   신용카드로 빌린 작은 돈이 순식간에 불어나 4~5개의 카드로 돌려막게 되고, 다음 단계로 사채업자에게 돈을 빌리게 되면서 1천 퍼센트도 넘는 이자를 막으려고 사투하는 와중에 얼마나 빚을 졌는지조차 알 수 없을 정도로 사채의 노예가 되었다. 이후 폐업, 파산으로 내닫게 되는 과정과 그것이 남긴 결과는 그녀의 가정에 끔찍한 재난이 아닐 수 없었다. 점포는 물론 집도 날리고 차도 뺏기는 재정적 박탈을 겪었을 뿐만 아니라, 채권추심 깡패들에게 밤낮으로 위협당하면서, 유산 위기와 자살 충동도 여러 번 경험했을 정도로 몸과 마음이 모두 병들게 되었다.

송파구 거여동에 살면서 현재 구청 외주의 용역 업체에 소속돼 환경미화원으로 일하고 있는 최태일(가명) 씨는 30대 초반의 건장한 청년이다. 그의 말에 따르면, 인문계 고졸자는 육체노동 이외에 별로 할 것도 없고 해서 피자집에서 일한 경험을 토대로 양식 체인점을 창업해 보려고 카드 회사에서 현금 서비스로 5백만 원을 받았는데, 결국 그게 화근이 됐다고 한다.

이후 그가 신용 불량자로 전락하는 과정은 박영신 씨와 동일했다. 결국 그는 자신의 표현대로 "한순간에 쫄딱 망해 시장으로 들어가기도 전에 경제적 전과 기록을 갖게 됐다." 사업 실패로 여자 친구는 떠났고, 죽고 싶은 생각도 여러 번 들었다. 파산자가 되면 장래가 없을 것 같아 어떻게든 개인 파산은 피했지만 통신권이 제한당하고 신용 등급이 10등급으로 떨어지면서 모든 의욕을 상실한 채 1년 동안이나 집 밖을 나오지 않았다고 한다.

50대 후반으로 거여동에서 세탁소를 운영하는 장재선(가명) 씨는 진정으로 빈한한 한 영세업자가 어떻게 신용 불량자가 되는가 하는 사례를 여실히 보여 준다. 장 씨에 따르면, 세탁소가 사양산업이 되면서 과거 하루 10만 원이던 수입이 절반으로 줄었고 아침 9시부터 밤 10시까지 일했지만 생계를 지탱하기가 어려워 부인은 파출부로 일했다고 한다. 문제는 2005년 그가 신용카드로 1백만 원의 현금 서비스를 받는 것에서부터 시작되었다. 뒤이어 세 군데에서 카드빚을 지게 되었다.

빚은 곧 5백만 원으로 불어났는데, 카드 회사에서 필요하면 더 쓰라고 해서 그렇게 했단다. 그렇게 시작해 결국 사채까지 쓰게 되었고, 빚은 2천5백만 원까지 늘어났다. 집이 없어서 가게 임대 보증금까지 털어 넣었지만 그것도 모자라 마침내 손을 들고 개인 파산을 신청했다고 한다. 개정된 〈채권의 공정한 추심에 관한 법률〉(채권추심법)은 빚 독촉 방법을 여러 가지로 제한하고 있지만 채권자들이 법을 피해 이들을 괴롭히는 방법은 수없이 많아, 그 역시 사채업자들이 고용한 깡패들에게 시달릴 수밖에 없었다.

인쇄 출판업이 밀집돼 있는 을지로 3가의 조그만 출판사에서 만난 신영환(가명) 씨는 세 자녀를 둔 40대 후반의 출판업자로 아버지의 병원비와 출판업 부진으로 빚을 지기 시작했다. 처음 신용카드로 현금 서비스를 받기 시작했고, 2~3년이 지나면서 카드 돌려 막기를 하게 됐으며, 작년부터 사채를 쓰기 시작해 3백만 원으로 시작한 빚이 2년도 안 돼 3천만 원으로 불어났다고 한다.

신 씨가 앞의 사람들과 다른 것은, 아버지가 운영했던 사업을 물려받았고 공대 출신으로 중견 기업에서 기기를 제작했던 학력과 직업 배경을 갖고 있다는 점이다. 그의 경우는 어느 정도 행운이 따랐다고 할 수 있는데 최근 정부가 불법 사채 관리 감독을 강화하면서, 운 좋게 법률 자문을 해줄 전문가를 만나 사채업자들을 경찰에 고발하는 방도를 빨리 찾을 수 있었다.

***

이들 신용 불량자는 공통적으로 신용카드로 현금 서비스를 받고, 이후 카드 돌려 막기를 거쳐 결국 사채를 이용하게 되면서 신용 불량자가 되었다. 1998년 정부가 신용카드 관련 대출 규제들을 모두 풀어 버리면서 신용카드사들의 무분별한 대출을 허용했던 것이 그 원인이었다.

나는 평소 신용 불량자의 양산은 이른바 개혁적 민주 정부들의 대표적인 정책 실패의 산물이며, 특히 사회경제적 약자에 대한 국가의 무책임성을 가장 적나라하게 드러낸 사례라고 생각해 왔다. 정부의 금융정책이 과거 권위주의 시절의 '관치금융'에서 벗어나, 공익을 더 잘 실현할 수 있는 시장 중심의 자율적 금융 체제로 변했다고 생각한다면 그건 큰 오해다.

왜냐하면 그것은 과거 국가 주도적 산업화가 재벌 중심의 경제구조를 만들어 냈듯이, 민주 정부하에서 자율적 시장 원리를 통한 국가의 금융정책은 금융자본의 비약적 성장과 이들에 의한 금융 지배 구조를 만들어 냈기 때문이다. 외환 위기에 대응했던 정부 정책의 한 축으로서 정부의 노동시장 유연화 정책은 노동자들의 저항에 부딪혀 적지 않은 어려움을 겪었다.

그에 비해 금융 자유화 정책은 금융 서비스를 절실히 필요로 했지만 조직적 저항이나 의사표시가 불가능한 무방비 상태의 서민 고객들을 대상으로 했기 때문에, 결과적으로 사적 금융자본의 이익 추구는 훨씬 더 과격하고 폭력적으로 관철될 수 있었다.

'경제민주화를 위한 민생연대'(이하 민생연대)를 운영하는 송태경 사무처장은, 1998년 〈이자제한법〉 폐지는 금융 대출 기업들의 폭리를 합리화해 주는 일대 전환점이었고, 고리대가 허용되는 순간 과잉 대출은 필연적이 되었다고 말한다. 이른바 '대출 권하는 사회'와 '대출 천국의 사회'는 금융 대기업과 신용카드사, 중소 대부 업체 그리고 그 주변에 독버섯처럼 번진 불법 사채 업체들의 이익 실현을 보장하는 사회를 말하는 것이 아닐 수 없다.

대부 업체 이자율은 현재 연 39퍼센트로 떨어졌다지만 한때는 66퍼센트까지 치솟은 적이 있다. 이는 동서고금을 막론하고 역사상 법령 최고 이자율을 기록한 중국 당나라 때의 60퍼센트보다 높은 수치이다. 이런 약탈적 대출 시장의 창출은 금융 기업과 대출업자들의 폭리를 정당화해 준 한편, 저소득 서민들을 신용 불량자로 내몰아 '하층 아래의 하층' 내지 '계급 이하의 계급'이라고 할 만한 '언더클래스'underclass를 대규모로 만들어 냈다.

이들이 경험한 것은 단지 경제적 박탈만이 아니었다. 그것은 인간으로서 삶의 목적에 대한 희망과 자기 존엄성을 빼앗아, 어떻게든 살아보겠다는 삶의 의지마저 꺾는다는 데 문제의 심각함이 있다.

필자가 있던 대학에서 영문학을 가르치던 오스트레일리아인 교수는 한국 사회에 대해 '살인자적 자본주의'killer capitalism라고 말한 적이 있다. 급전이 필요한 서민들에게 과도한 대출을 해주고 이들을 평생 빚의 노예로 만드는 약탈적 대출이 만연한 이 사회를 달리 뭐라 부를 수 있을까. 살인자적 자본주의를 틀린 말이라고 화낼 수 없는 현실이 되고 말았다.

****

신용 불량자들은 어떻게 살아가고 있을까? 구로구 궁동의 박영신(가명) 씨는 현재 다섯 식구를 위한 최소한의 생계비 월 150만 원의 절반인 70만~80만 원의 수입으로 절대적인 마이너스 생활을 하고 있다. 그런데도 기초 생활 보장 혜택을 받지 못하고, 주의력결핍과잉행동장애ADHD 증후군을 갖고 있는 큰아이로 인해 월 15만 원의 장애 수당만 받는다.

지난 총선 때는 선거운동 일을 했고, 지금은 식당일 등 닥치는 대로 아르바이트나 파트타임 노동을 하며 생계를 유지하고 있다. 그녀는 왜 수입이 더 나은 일자리를 찾지 않을까. 신용 불량자라는 전력이 있기에 점포의 계산대나 콜센터 서비스와 같이 돈·신용과 관계된 일자리를 가질 수 없다. 신용 카드도 만들지 못한다. 휴대폰도 갖지 못한다. 사실상 사회로부터 격리돼 있는 상태다.

신용 불량자로서 사채업자의 위협에 시달리면서 그녀가 겪었던 경제적·육체적·정신적 고통으로, 지금은 많이 나아졌지만 우울증과 공황 장애를 갖게 돼 좁은 공간에서 일하는 사무도 보기 어렵다. 또한 어린 자녀를 돌봐 줄 사람이 없어 장시간 집을 비우는 파출부 일도 할 수 없다. 그녀가 먹고살기 위해 할 수 있는 일이란 실로 한정된 것이다. "나라에서 불법자로 찍히면 발목이 꽉 잡혀 빼도 박도 못하죠. 한 번은 기회를 줘야 하는데······. 한순간 잘못한 것이 이렇게 큰 결과를 가져올지 몰랐어요."라는 그녀의 말 속에는 회한과 항변이 교차하고 있었다.

청소 일을 하는 최태일(가명) 씨는 궁동의 박 씨보다는 상황이 나아 보였다. 박 씨는 아버지가 암으로 사망했을 때 장례비가 없어 시신을 병원에 기증할 수밖에 없었다. 그래도 최 씨는 가정 형편이 좀 나아져 가족들의 도움으로 급한 부채를 빨리 정리할 수 있었고, 어머니에 의탁해서 살 수 있었을 뿐만 아니라, 아직 독립된 가정을 갖지 않은 건강한 청년으로 고된 노동을 할 수 있었다.

최 씨의 청소 노동은, 두 사람이 한 조가 돼서 이루어진다. 먼저 새벽에 나가 아침 9시까지 일한 뒤 집에 돌아와 한잠 잔다. 그리고 오후 4시 반에 나가 다음 날 새벽 6시까지 일하는 것으로 한 사이클이 끝난다. 그리고 하루를 쉬고 같은 사이클을 다시 시작하는 것으로 노동시간이 짜여 있다.

필자가 최 씨를 만난 날은 노동절이어서 "오늘은 쉬지 않느냐?"고 물었는데, 자기는 공휴일이 없다고 대답했다. 그가 하루에 처리하는 쓰레기양이 1만 가구에 이른다고 했는데, 생각해 보니 엄청난 양이다. 최 씨는 월평균 220만~230만 원의 임금을 받는데, 외주 업체에 소속된 작업원들은 구청 소속의 작업원들에 비해 일은 더 힘들고 받는 금액은 훨씬 적다고 말한다. 노동시장의 중심 제도인 파견법, 변형근로제는 인력 장수들에게는 커다란 혜택이 돌아가지만 비정규직에게는 가혹하기 그지없는 제도다.

세탁소를 운영하는 장재선(가명) 씨는 신용 불량자들이 선택할 수밖에 없는 편법에 대해 말한다. 신용 불량자인 그 역시 통장에 자기 돈 넣고 찾는 체크아웃 카드를 사용하는 것 말고는 은행거래를 할 수 없고, 휴대폰도 가질 수 없다. 하지만 남아 있는 편법은 구청 사회복지사가 된 딸의 명의를 이용해 이를 피해 가는 것이라고 말한다. 가명을 사용하는 수많은 신용 불량자들이 자신들을 배제한 제도권 경제 안으로 들어와 이중생활을 하고 있는 것이다.

나와 헤어질 때 장 씨는 조용조용한 인상과 달리 "이곳 거마(거여동·마천동) 지역은 서민 밀집 지역이고, 사채업자나 일수업자들이 많아요. 국가는 재벌의 금융 자회사들에는 엄청난 대출을 해주면서, 없는 사람들은 고금리로 내몰고 있지요."라며 강한 어조로 불만을 토로했다.

인터뷰를 마치면서 궁동의 박 씨가 "(인생이) 너무 어려서 시작해 너무 어려서 끝나 버린 것 같아요. 다시 일어나는 것도 힘들다고 생각해요. 하루 먹고 하루 살다가 결국 애들에게 대물림될 거예요."라고 했던 말은 커다란 여운을 남긴다. 경제적으로 박탈당한 그들에게 새겨진 '낙인'으로 인해 정상적인 사회관계가 어려워지는 이런 조건은, 민주주의를 가능케 하는 정치적 참여의 권리, 즉 제러미 왈드론$^{Jeremy\ Waldron}$ 같은 법철학자들이 말하는 '권리 중의 권리'$^{the\ right\ of\ rights}$마저 박탈하는 결과를 가져오는 것이다.

* * * * *

신용 불량자 문제가 잘못된 정책이 만들어 낸 문제이고, 따라서 정치적으로 해결되어야 한다는 인식을 어렵게 하는 것은, 사회에 널리 퍼져 있는 어떤 도덕적 인식과 깊이 연관돼 있다. 그것은 모든 것을 과시적 허영심이나 자제력 없는 소비 욕구 내지 도덕성의 결여와 같이 신용 불량자 개인의 책임으로 돌리는 생각을 말한다. 그로 인해 신용 불량자 문제가 사회경제적 문제이자, 정책 결정자에게 책임을 물을 수 있는 정치적 문제라는 인식은 사라져 버리고 만다.

 제도권 밖에 이리저리 흩어져 보이지 않는 곳으로 밀려나 있는 신용 불량자들 스스로가 자신들의 문제를 도덕적으로 정당화하면서 정치적 이슈로 만드는 일은 쉽지 않다. 게다가 금융 관련 문제는 복잡한 기술적 문제를 포괄하고 있어 전문가 아닌 보통 사람들이 문제 해결 방안을 찾아내기도 어렵다. 다양한 성격의 광범위한 일반 소비자들로 이루어져 있는 이들을 공통의 정치적 요구를 갖는 하나의 사회집단으로 조직해서 목소리를 갖게 하는 일은 불가능하다고 할 정도로 어렵다.

이런 환경에서 '1인 운동'이라 해도 과언이 아닐 민생연대의 송태경 사무처장의 활동은 진정한 의미에서 진보적인 것으로 보인다. 필자가 인터뷰한 박영신·신영환 씨는 모두 송 처장의 법률 자문 덕분에 파산 처리 과정에서 더 큰 재난을 피할 수 있었다. 필자가 송 처장과의 인터뷰를 위해 영등포구 당산동의 조그만 사무실을 방문했을 때, 속초에서 상경한 한 여성 보험 설계사 역시 송 처장으로부터 결정적인 도움을 받았다고 내게 말했다.

그러나 송 처장이 누구도 하지 못하는 운동을 통해 여러 사람의 경제적 파탄을 경감시켜 주는 데 큰 기여를 하고 있다 하더라도, 그가 다루고 도와줄 수 있는 범위는 지극히 한정적이다. 무엇을 어떻게 해야 할 것인가? 말할 것도 없이 신용 불량자들을 위한 정치적 대표가 있어야 한다.

제대로 된 진보 정당이 신용 불량자 문제를 진지하게 접근하기 위해서는 두 가지 요소가 필수적이다. 첫째, 신용 불량자 문제를 포함해 금융정책을 실제로 다룰 수 있는 당의 제도와 조직 체계를 조직하는 일이다. 이는 관련 이해 당사자 집단, 예컨대 신용 불량자, 비정규직 노동자, 복지 수혜 대상자, 청년 등이 정책 이슈 제기에서 어젠다 형성, 정책 대안 마련에 이르기까지 좀 더 가까이 참여하거나 접맥될 수 있는 방향으로 정당 활동의 체계가 달라지는 문제를 말한다.

　당의 조직과 역할은 시민의 실생활로부터 발생하는 문제들을 해결하는 과업에 부응할 수 있도록 변화되지 않으면 안 된다. 그렇지 않고서 진보냐 아니냐를 따지는 것은 별다른 의미가 없을 뿐만 아니라, 오히려 실제 사태를 못 보게 만드는 역효과를 낳을 수 있다.

　둘째, 정책 이슈와 대안들이 이념적 거대 담론으로부터 직접 도출되지 않아야 한다. 담론 내지 공론장에서의 논의는 추상 수준이 높은 관념성에서 벗어나, 사회경제적 문제를 실제로 다룰 수 있도록 구체화되고 현실성을 갖지 않으면 안 된다. 이 점에서 경제민주화, 보편적 복지, 재벌 개혁과 같은 포괄적이고 추상 수준이 높은 슬로건이나 언어는 불필요할 뿐만 아니라 공허한 구호를 반복하는 것에 지나지 않는다.

　추상적 언어가 꼭 필요하다면, 개별적이고 구체적인 정책 대안들이 충분히 형성된 후에나 불러들여질 수 있을 것이다. 마키아벨리는 추상적이고 일반적인 사안으로 민중을 속이기는 쉬우나 구체적인 사안에서는 그렇게 하기 어렵다고 말한 적이 있다. 추상적 이념에 헌신하나 구체적 실천에는 관심이 없는, 진보의 이름을 딴 습관성 정치 구호나 관성화된 행태를 더는 보고 싶지 않다.

5

"우리의 정치체제는 민주주의라고 부르는데, 이는 권력이 소수의 손이 아니라 전 국민의 손에서 나오기 때문이다.

......

우리는 사치스럽지 않은 아름다움과 나약하지 않은 지식을 중시한다. 우리는 과시하기 위한 부가 아닌 적절한 곳에 사용하기 위한 부를 추구한다. 우리는 가난하다는 사실을 인정하는 것에서가 아니라 가난을 극복하려는 노력을 게을리한 것에 부끄러워한다. 시민으로서 우리는 공적인 일뿐만 아니라 자신만의 일에 대해서도 관심을 갖는다. 일반 시민으로서 우리는 자기 일에 헌신하면서도 공적 문제에 있어서는 늘 공정한 판단을 한다. 왜냐하면 이곳 아테네에서는 다른 곳과는 달리 정치라고 하는 공공의 일에 무관심한 시민을 조용함을 즐기는 자로 여기지 않고 하는 일이 없는 자로 간주하기 때문이다.

......

종합해서 말하면, 우리 아테네는 모든 면에서 그리스의 학교라고 말할 수 있을 것이다. 우리 한 사람 한 사람은 아테네의 시민이라는 명예와 경험과 자질의 종합체로서, 하나의 완성된 인격을 가지게 된다."

__투키디데스, 『펠로폰네소스 전쟁사』의 "페리클레스의 추도 연설" 중에서.

2부 노동 있는 민주주의를 위하여

1

무엇이 어떻게
잘못되었는가

민주주의와 신자유주의

앞서 계속해 강조했듯이, 오늘날 한국 사회가 다뤄야 할 실제 문제real issue는, 절대다수 노동인구의 사회경제적 삶의 조건이 매우 크게 위협받고 있는 현실이다. 이 문제에 대한 적절한 정책 대안을 발전시키지 못한다면 한국 민주주의는 적어도 그 내용에 있어 공허한 것이 될 수밖에 없다.

민주주의가 일반 시민들의 사회경제적 삶을 개선하는 데 기여할 수 없다면, 사회적 불만이 확대되는 것만큼 민주주의에 대한 지지의 기반도 약해질 것이다.

이런 관점은 현재와 같은 사회경제적 위기 상황의 원인을 이해하는 방식과도 깊은 관련이 있다. 우리는 그것이 IMF 위기라는 외부로부터의 경제적 충격에 의한 결과일 뿐만 아니라 이에 대한 민주 정부들의 정책적 대응이 빚어낸 복합적 산물이라고 이해한다.

만약 민주주의가 평등한 정치 참여의 권리를 통해 실현되고 시행되는 것이라고 한다면, 밖으로부터 주어진 위기에 대응하는 능력이야말로 해당 사회의 민주주의 역량을 가늠하는 가장 중요한 척도라고 할 수 있다.

따라서 IMF 개혁 패키지로 대변되는, 외부로부터 주어진 경제개혁이 어떤 내용으로 관철되었는가 하는 문제도 중요하지만, 그것과 동시에 혹은 먼저 김대중-노무현 정부로 대표되는 이른바 민주 정부들이 어떻게 신자유주의적 세계화에 대면했는가 하는 차원에 주목하지 않으면 안 된다.

당시 김대중 대통령은 "민주 정부가 들어선 만큼 야만적인 노동 탄압은 옛이야기가 되었고, 이제부터는 외국자본과 국내 기업이 투자하기 좋은 환경을 위해 노사가 화합해야 한다."고 역설했다. 노무현 대통령도 같은 생각이었다.

민주당 후보 수락 연설에서 노무현 후보는 이렇게 말했다. "독재 정권이 노동자의 기본권을 탄압하던 시절에 저는 노동자의 편에서 현장을 뛰었습니다. 그러나 민주화와 더불어 노동자의 권익이 신장된 후에는 노사 화합의 중재자로 현장을 뛰었습니다. 기업이 존망의 기로에 서있을 때에는 노동자들한테 계란 세례를 받으면서까지 기업을 살리자고 설득했습니다. …… 기업하기 좋은 나라, 투자하고 싶은 나라로 만들고자 합니다."

신자유주의적 경제의 전면적 확대가 결과적으로 엄청난 경제적 어려움과 사회 해체의 효과를 가져왔다면, 그 책임은 일차적으로 노동문제에 대한 이들 민주 정부의 잘못된 인식 내지 그 인식 위에서 실천된 정책적 대응에서 찾지 않으면 안 될 것이다.

민주주의와 비결정

하나의 중대한 사회경제적 문제가 정부 정책의 의제로 진전되기 위해서는 무엇보다도 그것이 정치적 이슈 내지는 정치적 사안이 되지 않으면 안 된다. 사회적으로 이미 중대 문제로 떠올랐다고 하더라도 그 문제가 정치의 장에서 다루어지지 않는다면, 정책적 수단을 마련하게 강제하도록 하는 제도적 힘이 작용할 수 없기 때문이다.

일찍이 미국의 정치학자 바크라크Peter Bachrach와 바라츠Morcon S. Baratz는 다원주의적 권력 개념을 비판하면서 '비결정'non-decision이라는 개념으로 이 문제를 설명했다.*

사회에서 발생하는 모든 갈등이나 이익이 정치적으로 표

출되고 조직되고 대표된다면, 중요한 사회경제적 갈등이나 이익은 정치 경쟁의 장에서 이익집단이나 정당을 매개로 표출되고 선거를 통해 대표되며 종국에는 정책으로 만들어지게 될 것이다. 그 경우 실제 정책은 관련 이슈를 둘러싸고 이해 당사자들이 경쟁하고 타협한 결과물로 이해할 수 있으며, 이때 이런 정치과정을 가리켜 세력과 갈등들 간의 다원적 경쟁 내지는 다원주의라고 정의할 수 있다.

그러나 비결정의 개념이 강조하는 것은, 실제 정책으로 나타나서 우리가 가시적으로 관찰할 수 있는 결정들이란 사회의 다원적 요구와 이익 가운데 다만 일부에 지나지 않는다는 사실이다. 그보다 더 중대한 사회경제적 갈등이나 이익들이 존재하며 따라서 마땅히 이슈화되어야 함에도 그렇지 못한 것이 현실이라는 것이다.

이슈가 되어야 할 것이 이슈가 되지 못하는 이유는, 그런 갈등이나 이익이 존재하지 않기 때문이 아니라 이슈화하지 않는 또는 못하게 하는, 다시 말해 정책 결정의 사안으로 등장하지 못하게 하는 힘이나 영향력이 작용하기 때문이다.

- Peter Bachrach and Morton S. Baratz, *Power and Poverty : Theory and Practice* (New York: Oxford University Press, 1970).

한국 사회를 위협하는 문제들이 중요한 정치적 사안의 범위 안으로 들어오지 못하거나, 유권자 개개인이 사회의 중요한 이슈에 대해 올바른 이해에 근거해 판단할 수 없다면, 참여가 아무리 확대된다 하더라도 민주주의의 발전을 도모하기 어려우며, 역으로 한 사회의 중대 문제는 민주주의를 통해 해결의 실마리를 찾지 못할 것이다.

그것은 민주 정부의 무능력으로 직결될 수밖에 없다. 정치적 무관심, 냉소주의, 낮은 투표율로 나타나는 정치 참여의 저조함은, 사회의 중대 이슈를 의제의 범위 밖으로 밀어내고, 덜 중요하거나 심지어 하찮은 문제를 둘러싼 갈등으로 정치가 쇄소화되고 있는 오늘의 정치 현실과 결코 무관하지 않다.

정치권에서의 정당 간 경쟁이 아무리 격렬하고, 정치에 대한 관심이 아무리 높고, 시민들의 참여가 아무리 열성적이라 하더라도 사회경제적으로 중대한 문제가 정치 사안에서 배제되고 쟁점으로 떠오르지 못할 때, 정치의 영역에서 이루어지는 결정의 내용은 민주주의가 지향하는 가치로부터 멀어진다.

참여의 확대가 무조건 다 좋은 것은 아니다. 사회적으로 중대한 문제들이 정치적 의제가 되지 못하는 조건에서, 특정 집단의 강렬한 정치 참여는 다른 집단의 참여를 오히려 억제한다는 '참여적 다원주의의 역설'이 나타나기 쉽다.* 바꾸어 말하면 정당 간의 경쟁이든, 시민사회의 운동이든 잘못된 이슈,

중요하지 않은 이슈에 열정을 쏟는다면 정작 중요한 이슈에 대한 참여를 제약하는 역효과를 가져올 수 있다.

그렇다면 민주화 이후 정부들은 사회의 중대 사안을 정치 영역에서의 중대 사안과 병행시킴으로써 민주 정부로서의 효능을 창출했다고 볼 수 있을까? 이를 통해 체제로서의 민주 정부를 강화하고 사회경제적 문제를 정치적으로 해결하는 능력을 보여 주었다고 할 수 있을까?

잘못된 갈등 선택이 가져온 부정적 결과

권위주의적 관치 경제 시기로부터 민주화 이후 신자유주의적 세계화 시대인 현재에 이르기까지, 경제 영역에서만큼 정책의 연속성이 유지되는 분야는 없을 것이다. 그간 경제정책에 대한 민주 정부들의 개혁 레토릭이 어떠했든, 혹은 정부 내 이른바 개혁파들에 의해 간헐적으로 언표화되는 주장들이 얼마나 개혁적이었든, 반대로 민주 정부의 경제관이 급진적 또

• J. S. Dryzek, *Democracy in Capitalist Times* (New York, Oxford: Oxford University Press, 1996), p. 7.

는 반시장적이라는 주류 언론들에 의한 '두려움의 동원'이 어떠했든 민주 정부에서조차 실제의 경제정책은 민주화 이전과 그 차이를 실감하기 어렵다.

따지고 보면 기득 이익이 가장 강력한 헤게모니를 갖고 있는 영역은 경제와 관련된 이슈 영역이라고 할 수 있다. 경제는 정치적인 것이다. 시장 또한 정치적인 것이다. 성장이든 시장 효율성이든 그것은 사회적 힘의 관계와 가치가 반영된 정치적 결정의 결과물이라는 사실을 생각하지 않으면 안 된다.

이런 이해 방식에 기초해 민주 정부의 정책적 대응이 사회경제적 이슈 영역을 포괄할 때, 비로소 한국 사회는 지속 가능한 경제 혹은 사회 공동체와 병행해 발전하는 경제체제의 전망을 갖게 될 것이다. 그렇게 해서 사회 통합의 효과가 확대될 수 있어야만, 갈등 억제에 소요되는 과도한 비용을 줄이고, 일에 대한 사회 구성원 개개인의 헌신을 높이며, 갈등적 노사 관계를 좀 더 민주적이고 협력적인 것으로 전환시키며, 이를 통해 기업으로 하여금 안정된 투자 의욕을 갖게 할 뿐만 아니라, 잠재적 수요를 확대시키고 현실화시킴으로써 궁극적으로 성장에도 기여할 것이기 때문이다.

여기에서 민주화 이후 반복되어 온 한국 정치의 한 속성이 드러난다. 정치가 현실 생활에 기초를 둔 사회경제적 이슈 영역을 적극적으로 대면해 그 영역에서의 갈등을 해소해 가면서 정치제도 개혁이나 '역사바로세우기'와 같은 상징적이고 정서적인 개혁 이슈를 흡수 통합해 가는 것이 아니라, 거꾸로 이 후자의 이슈에 골몰하면서 전자의 사회경제적 과제를 방치하는 특징을 보였다는 것이다.

그간 외형적으로만 보면 여야 정당은 상호 공존이 불가능해 보일 정도의 적대적 담론과 감정으로 충돌해 왔다. 그러나 별로 변한 것은 없다. 경제정책에 관한 한 더욱 그렇다. 어찌 보면 여야 간 정치적 갈등의 격렬함은 현실의 가장 중요한 사회경제적 이슈가 정치의 배면에서 '비결정'의 영역으로 배제되어 있는 것의 결과인 면도 크다.

좀 더 폭넓은 이념적·정책적 스펙트럼 위에서 다뤄질 수밖에 없는 사회경제적 이슈가 비결정의 영역에 머물거나 혹은 비갈등적 이슈로 다뤄질 때, 실제 정치 경쟁은 한정된 갈등 범위 안에서 추상적 가치와 명분의 동원에 의존하는 다툼이 될 수밖에 없기 때문이다.

그간 정당들은 계속 나빠졌다. 사회경제적 문제들을 정부로 투입하는 통로이자, 정부의 정책 결정이 사회로 전달되는 정치의 조직망으로서 정당의 역할은 나아지지 않았다. 어떤 대통령이든 정당을 통해 통치하려 하지 않았고, 오히려 집권 이후 정당으로부터 멀어지는 길을 택했다. 그러다 보니 어느 순간 정부는 '정당의 정부'와는 거리가 먼 대통령 개인의 사인

화된 정부로 전락하고 말았다.

오늘날 한국의 정당들은, 일정한 정치적 자원을 가진 여러 명의 개인과 세력이 각각 독립적으로 활동하는 파당들의 느슨한 집합체에 불과한 구조를 갖게 됐다. 선거 때 그것은 '캠프'가 된다. 이 캠프에 정당 안팎의 정치인, 정치 지망자, 지식인, 전문가 그룹들이 참여해 대선을 치르는 것이 오늘의 한국 정치가 됐다. 정당의 공적 조직이 아니라, 캠프가 대통령을 만들고 청와대를 지배하고 정부를 주도한다.

이는 선거 이후 집권한 정부들이 한결같이 실망스러운 실적을 보이게 되는 것과 분명하고도 필연적인 인과관계를 갖는다. 캠프 혹은 캠프 내 특정 팀이 구성한 청와대와 정부가 제대로 된 것일까? 나아가 그런 정부가 진보적인 성취를 이룰 수 있을까?

이 질문에 곧바로 대답하기 전에, "민주주의를 심화·발전시킨다고 할 때 그것은 무엇을 의미하는가?"라는 문제를 먼저 살펴보기로 하자.

2

민주주의의 발전과 시민권

마셜의 시민권 이론

일찍이 영국의 사회학자 마셜T. H. Marshall은 '시민권'citizenship의 개념을 이론화함으로써, 케인스주의와 더불어 제2차 세계대전 이후의 영국, 나아가서는 유럽의 복지국가를 발전시키는 이론적 기초를 제공했다.* 그의 주장에 따르면 시민권을 구성하는 세 가지 요소, 즉 시민적·정치적·사회(경제)적 시민권은 18세기 이래 20세기 전반기에 이르기까지 세 단계를 통해 그 내용들을 하나씩 첨가하면서 확대·발전되어 왔다는 것이다.

---

* T. H. Marshall, *Citizenship and Social Class and Other Essays* (Cambridge University Press, 1950).

복지국가를 실현하는 기본 정책으로서 사회정책은 사회적 시민권 개념을 중심으로 새로이 개척된 정책 영역이다.

생산의 효율성 극대화와 성장을 실현하는 경제의 시장 논리와는 달리, 사회적 시민권의 개념은 자본주의 체제에 내장된 결함인 경제적 불평등의 축소를 가능케 하는 의미 지평을 제공한다. 시민권 이론은 기본적으로 사회 통합의 이론이다. 개인의 기본권, 정치 참여권, 그리고 사회의 경제성장 성과를 분배받을 권리로서 시민권은, 이 권리를 획득하지 못하고 있는 개인 또는 집단을 사회 내로 포섭 또는 통합하는 것을 중심 내용으로 하기 때문이다. 바꾸어 말하면, 사회적 시민권 이론은 성장과 효율성, 개인주의적 시장 경쟁의 경제적 가치만이 아니라 분배적 정의를 통해 공동체의 성원을 사회 내로 통합할 수 있는 사회적·도덕적 가치를 사회 발전의 필수적인 요건으로 상정한다.

여기서 중요한 것은 시민권이 비경제적 개념이라는 사실이다. 경제 과정에 기여하는 정도에 비례해 부여되는 가치와는 독립적으로, 다시 말해 시장의 변덕에 영향을 받지 않는 사회적 지위를 부여하는 것을 의미하기 때문에 그것은 무조건적이기도 하다.* 즉 시민권은 사회의 성원이기 때문에 권리를 부여받는 것(그러므로 동시에 의무도 부여받는 것)을 의미한다.

이런 도덕적 원리가 있기 때문에 사적 소유를 바탕으로

한 시장 경쟁을 내용으로 하는 자본주의와, 정치적 평등의 원리에 힘입어 다수의 지배를 실현하고자 하는 민주주의가 양립하는, 이른바 '자본주의적 민주주의'가 실현 가능해진다. 경제적·물질적으로 생존 가능하고 도덕적·사회적으로 통합되는 문명화된 삶이 가능하다는 것은 이런 상황을 두고 하는 말이다. 극히 단순한 내용을 갖고 있음에도 마셜의 이론은 사회를 유지하는 데 있어 부정할 수 없는 핵심 원리를 이론화했기 때문에 보편성과 함께 커다란 설득력을 갖는다.

역사적으로 볼 때 자유의 확대와, 자본주의 시장 질서의 총량적 성장에 따른 사회 번영은 병행 발전해 왔다. 그러나 이 과정에서 시장 경쟁의 열패자들이 심각한 경제적·사회적 불평등에 처하게 될 때, 이들의 불만이 분출되면서 기존 체제는 사회 통합에 실패하고 커다란 도전에 직면하거나 종국에는 붕괴될 가능성을 맞이할 수도 있다. 자본주의와 민주주의가 양립하지 못하고 권위주의적 자본주의 시장경제가 나타나거나, 권위주의적 사회주의가 대안이 되었던 것은 지난날 20세기 초반 양차 대전 전간기 동안의 역사적 경험이기도 했다.

- Ralf Dahrendorf, "The Changing Quality of Citizenship," Bart van Steenbergen ed., *The Condition of Citizenship* (Sage Publications Ltd., 1994), p. 13.

물론 이런 상황은 민주주의와 자본주의라는 두 체제가 타협하지 못하고 충돌할 때 나타나는 극단적 결과라 하겠다. 하지만 두 체제가 양립하는 경우라 하더라도 시장으로부터 소외되고 사회로부터 배제된 사람들이 능동적으로 정치에 참여하는 '적극적 시민'이 되기보다는 정치 참여로부터 소외되는 것이 일반적인 현상이었다. 이런 상황에서 민주주의는 대중 참여가 배제된 엘리트들 간의 정치 경쟁의 게임으로 축소되고, 정치적 평등은 형해화되며, 결국 민주주의의 사회적 기반은 약화될 수밖에 없다.

실제로 민주주의가 아무런 사회 통합의 기능을 수행하지 못할 때, 민주주의는 자본주의적 시장경제의 부속 기능으로 전락하게 되고, 사회 공동체는 해체와 분열, 갈등의 위기에 그대로 노출되고 만다. 이런 이유 때문에 마셜은 사회적 시민권을 사회 유지와 문명화된 생활의 '필수 불가결의 정신'으로 규정하고 있다.

우리에게 IMF 위기는 무엇이었는가

한국 민주주의의 발전 경로에 영향을 미친 중요한 계기의 하나는 IMF 위기에 대응하면서 한국 사회가 어떤 선택을 했는가라는 문제이다. 우리 사회가 오늘날 당면하고 있는 경제 불황의 장기화, 실업과 고용 위기, 빈부 격차의 증대와 사회의 양극화 등은 IMF 위기 그 자체가 가져온 부정적 효과 때문이기도 하지만, 그에 대응하는 데 민주 정부들이 실패했다는 점이 좀 더 직접적인 원인으로 작용했다고 볼 수 있기 때문이다.

IMF 위기는 한국 경제에 유례없는 위기였지만 동시에 권위주의적 성장 모델을 해체하고 노동자와 소외 계층에게 사회적 시민권을 확대하는 이른바 한국적 복지국가 모델을 발전시킬 수 있는 기회이기도 했다.

IMF에 의한 개혁 패키지가 부과되지 않았다 하더라도 구제제하에서 구축된 한국의 경제체제와 발전 모델은 민주주의와 양립하기 어려웠기 때문에 개혁되지 않을 수 없었다. 그것은 성장을 최우선 가치로 삼는 재벌 중심-노동 배제적 생산체제로부터, 성장과 복지가 병행할 수 있는 노동 참여적 생산체제로의 전환을 뜻한다.

이 전환은 분명 사회적 시민권의 확대를 수반하지 않고서는 불가능한 것이다. 그러므로 민주 정부하에서 경제개혁이라고 말할 때 그것은 두 가지 의미를 지닌다. 하나는 일차적으로 IMF에 의해 외부로부터 주어진 조건들, 즉 김대중 정부 시기 4대 개혁, 예컨대 금융 개혁, 기업 구조 조정, 공기업 민영화, 노동시장 유연화를 위한 개혁들을 수행하는, 보통 '구조

조정'이라고 말하는 개혁이다.

다른 하나는 IMF 위기가 없었더라도 하지 않으면 안 되었던 본래의 경제개혁에 대한 요구이다. 그러나 현실적으로 나타난 민주 정부들의 경제개혁은 우리가 지금 '신자유주의적 세계화'라고 부르는 극단적인 시장 중심적 발전 방향으로만 가속화되었다.

민주 정부들의 경제정책은 두 가지 특징으로 요약할 수 있다. 하나는 성장과 시장 효율성의 가치가 경제정책을 계도하는 유일한 가치와 이념으로서 완벽한 헤게모니를 갖게 되었다는 것이다. 그리고 경제정책이 정부의 다른 모든 정책을 주도하기 때문에 그런 가치와 이념은 다른 정책 영역에서도 주도적이게 되었다.

다른 하나는 민주 정부들은 거의 예외 없이 집권 초기에는 노동 포섭적 정책과 사회 복지적 정책에 커다란 관심을 보이면서 개혁적 요소를 포함했으나, 얼마 지나지 않아 성장과 효율성을 강조하고 이를 통해 보수적 요소의 강화로 전환하는 퇴행의 궤적을 그렸다는 점이다.

이런 정책 전환은 경제 관료 및 기술 관료들의 영향력 증대를 반영하는 것으로, 이는 민주 정부와 경제 관료의 결합을 의미한다. 김영삼 정부 초기에 노동 포섭과 사회복지의 요소는 성장과 세계화의 목표가 주도하는 전체 정책에 비해 부차적이었다 하더라도 일정한 중요성을 가진 바 있었다.

그러나 시간이 지날수록 이런 노동정책은 폐기되기에 이른다. 김영삼 정부의 이런 궤적은 이후 민주 정부에서도 반복되는 하나의 모델처럼 나타난다. 김대중 정부는 '민주적 시장 경제'라는 정책 노선을 제시했지만 IMF 위기의 조기 극복이라는 단기적 정책 노선으로 전환하고 경기회복과 성장을 강조하면서 경제체제에 대한 구조 개혁 정책은 사실상 포기되었다.

그러나 이 시기 정부는, 사회적 시민권을 중심으로 한 한국형 복지국가 모델을 창출해 내지는 못했다 하더라도, 세계화가 가져오는 부작용을 완화하는 보완 장치로 세계은행이 제시했던 '사회적 안전망'의 정책 권고를 적극적으로 수용하기도 했다. 사회적 안전망의 확충은, 시장 경쟁에서의 열패자들, 즉 실업자·저소득층·빈곤층을 대상으로 한 '생산적 복지'를 모토로 하면서 사회정책 영역을 개척했다는 점에서 의미가 크다.

그러나 경제정책의 전체 방향에서나, 노동과 복지의 요소가 갖는 정책적 비중이라는 관점에서 김대중 정부와 그 뒤를 이은 노무현 정부의 업적은 빈약했다. 기존과 다른 새로운 경제정책의 틀을 발전시킨 것도 아니었고, 노무현 정부의 경우 '2만 달러 성장 시대'라는 정책 목표가 선택되었으며, 아울러 집권 엘리트-경제 관료-삼성그룹 간의 결합이 만들어지면서 개혁적 정책의 공간을 크게 축소시켰다.

복지 정책을 어떻게 볼 것인가

민주 정부의 정책 및 수행과 관련해 김대중 정부의 복지 정책에 대해서는 특별한 언급이 필요하다. 김대중 정부가 IMF 위기와 더불어 출범했다는 사실과, 이 정부가 복지 정책에 있어 과거 정부들과 질적으로 다른 차이를 갖는 것 사이에는 직접적인 상관관계가 있다. 복지 예산에 대한 양적 지표의 변화는 이를 잘 말해 준다.

금융 위기 이전, 전체 정부 예산의 5~6퍼센트 사이를 맴돌던 복지 예산 비율은 1997년과 1998년을 기점으로 10퍼센트 이상을 기록하면서 1년 사이에 두 배 이상 증가했다. 이전에는 OECD 국가들과의 차이가 너무 커서 비교 대상조차 될 수 없었던 데 반해, 이 시기에는 유럽 복지국가들에 비해 2.5분의 1 내지 3분의 1 수준으로 급증했던 것이다.

그로 인해 한국에서도 사회정책 분야라고 할 수 있는 새로운 정책 영역이 열리게 되었다. 취약 계층에 대한 기초 생활 보장과 자활 사업 및 생계 지원 사업을 중심으로 한 공적

부조, 아동·노인·장애인·여성을 포괄하는 사회복지 서비스, 의료보험, 국민연금, 고용 및 산재보험과 같은 사회보장제도 등 여러 영역에서 제도화가 이루어지고 사회보장과 복지 관련 지출 역시 괄목할 만한 증가를 보였다.

이런 양적 지표의 증가만 보면 한국에서도 복지국가로의 발전 가능성을 전망할 수 있게 되었다고 평가할 수 있을지 모른다. 이 점과 관련해 사회적 시민권의 의미를 다시 한 번 짚어 보자.

시민권을 어떤 퍼스펙티브에서 접근하느냐 하는 문제 자체가 하나의 이론적 내지는 실천적 쟁점이 된다. 예컨대 '소극적 자유' 또는 '적극적 자유'의 개념에서인지, 아니면 자유주의 또는 공동체주의나 공화주의적 가치에서의 시민권이냐 하는 논란이 그것이다.

그러나 우리의 주제와 관련해 다렌도르프가 '복지의 물질적 급부'provisions와 '사회적 권리로서의 복지권 부여'entitlements의 개념을 구분한 것은 시사하는 바가 크다.* 복지의 물질적 급부는 경제적·물질적 혜택을 지칭하는 말로서 경제적 관점에서 문제를 보는 것이다. 성장에 비례해 혜택은 증가하며 그

• Ralf Dahrendorf, "The Changing Quality of Citizenship," pp. 12-13.

수혜의 크기에 비례해 복지 수요자의 선택 범위가 넓어진다는, 수혜의 공급 측면에 초점을 두는 것이다.

반면에 사회적 권리로서의 복지권 부여는 그동안 배제되었던 영역에 참여할 수 있는 진입의 권리를 의미하며, 효과적 수요와 적극적 기회 창출이라는 측면에서 사회 구성원의 자유, 즉 '적극적 자유'를 더 많이 실현하고자 하는 정치적 함의를 갖는 개념이다. 사회적 시민권의 개념은 복지의 이 두 요소를 모두 함축하지만, 그 핵심은 후자, 즉 사회적 권리로서의 복지권 부여라 하겠다. 좁게는 민주 정부들의 노동 및 복지 정책의 성격, 넓게는 이들 정부의 전체 정책의 성격, 나아가서는 한국 민주주의의 성격을 이해하는 데 이 개념 구분은 매우 중요하다.

IMF 개혁 의제의 최우선순위는 노동시장을 대상으로 한 유연화라 하겠다. 금융 개혁, 기업 구조 조정, 민영화와 같은 다른 개혁 사안들도 일차적으로 인력 감축을 수반하는 것이었기 때문에 그 모든 개혁은 실업과 고용 불안이라는 노동문제와 직결된다. 1998년의 노사정위원회를 통해 정부는 제한된 범위에서 해고의 자유와 노동력 감축 및 노동력 이동의 자유를 기업에 부여하는 공급 측면 정책을 관철시켰다. 비록 노조의 합법화와 교환되었다 하더라도, 그것은 노동운동의 환경 및 활동 공간을 급격히 좁히면서 교섭력을 약화시키는 결과를 가져왔다.

물론 김대중 정부 시기의 복지 정책이 수혜자들에게 물질적 혜택을 확대했음을 부정할 수는 없다. 그러나 이 복지 혜택의 증가는, 앞의 개념 구분에서 볼 때, 사회적 권리로서의 복지권 부여가 아니라, 복지의 물질적 급부의 증가를 뜻하는 것으로 사회적 시민권의 확대를 의미하지는 않는다. 한국적 기준으로 볼 때 복지 정책 또는 사회정책 분야에서 가장 큰 업적을 이룬 김대중 정부를 이처럼 부정적으로 평가하게 되는 것은, 복지의 물질적 급부가 증가했다는 변화의 이면에는, 복지 수혜자의 사회적 권리가 약화되고, 나아가 한국 민주주의의 사회경제적 내용이 퇴보했다는 사실이 존재했기 때문이다.

노동시장의 주변부에 있거나 노동시장으로부터 밀려난 사람들이 겪는 자존의 상실, 그리고 그것이 가져온 심리적 상처와 소외감은 물질적 혜택의 축소보다 견디기 어려운 것이다. 가계 소득의 책임자라는 지위를 상실한 가장이 느끼는 자기 모멸감과 이로 인한 가족 구성원들 사이의 갈등 또한 이로부터 비롯된다.

경제정책의 기본 방향이 전일적으로 신자유주의적 시장 원리와 워싱턴 콘센서스에 입각하고 있는 환경에서, 민주 정부의 복지 정책이 미국의 개인주의적 시장 중심 모델과 사회적 안전망 개념에서 도출되는 것은 필연적으로 보인다. 사회

보호에 대한 미국 체제는 마셜이 말하는 사회 결속을 위한 '기본 정신'과는 근본적으로 상이하다.

미국 체제에서 시민권의 개념은, 개인이 생존을 위해 필요한 재화를 획득하는 것은 시장이고, 개인이 노동 또는 능력을 통해 시장에 얼마나 기여하느냐에 따라 재화를 획득한다는 논리에 바탕을 두고 있다. 그래서 개인이 생존 수단을 잃어버릴 때 처음에는 가족, 다음에는 공동체 내 여러 형태의 사적 그물망, 그리고 이것도 저것도 안 될 때 마지막으로 국가가 개입하는 구조이다.

즉 국가의 보호를 받는 경우는 진정으로 빈곤 상태로 떨어졌을 때이며, 그럴 경우 보호 대상자는 자신의 무능력과 나태함이 그런 결과를 초래했다는 인식과 함께, 사회의 낙오자로 낙인찍히게 된다.

미국식 개념인 '일을 통한 복지'workfare, 이를 모델로 한 한국의 '생산적 복지'라는 말은 복지 혜택의 부여를 사람들의 일할 태세 내지는 일할 조건과 연결시키는 개념이다. 이런 개념은 필자가 지금까지 말하고 있는 시민권의 개념과는 상이하다. 왜냐하면 사회적 시민권은, 생산에 대한 개인의 기여도와는 무관하게 공동체의 성원이라면 누구에게나 기본 생활과 복지를 향유할 수 있는 권리를 주고, 이를 통해 삶의 기회가 확대되도록 하는 것을 공동체의 의무라고 인식하는 사회윤리적 기반에 서있기 때문이다.

　사회적 시민권에 기초를 둔 접근은 복지를 위해서도, 민주주의의 발전을 위해서도 중요하다.

3

한국 민주주의가 가야 할 길

왜 민주주의를 말하나

민주주익는 정치체제를 구성하는 일련의 제도적·절차적 요건들을 그 출발점으로 한다. 즉 그것은 평등한 시민권, 1인 1표의 투표권에 의한 정치 참여의 권리, 공정하고 자유로운 선거의 주기적 실시와 이를 통한 정부의 선출, 정당과 자율적 결사체의 자유로운 조직과 이들 간의 상호 경쟁과 협력 등이다.

그러나 이렇듯 단순하게 보이는 정치체제를 실현하기 위해 엄청난 투쟁을 하지 않으면 안 되었고, 실제로 민주주의가 작동하면서 만들어지는 역동성은 제도나 절차로서 이해하는 민주주의보다 훨씬 복잡한 결과를 낳았다.

정의에 있어서 민주주의는 다중의 보통 사람들의 힘이 체제의 중심에 자리 잡는 것을 의미한다. 우리가 민주주의를 군부 권위주의라든가, 군주정·귀족정 같은 다른 경쟁적인 체제보다 우월하다고 생각하는 것은, 그것이 다른 체제보다 보통 사람들의 삶의 질 개선을 포함하는 시민권을 확대하고 실현할 가능성이 더 높다고 판단하기 때문이다.

경제 또는 시장의 영역에서 약자이며 소외된 보통 사람들이 민주주의라는 정치적 방법을 통해 시민권을 획득·확대하고 그들의 삶의 조건을 개선할 수 있을 때 체제로서의 민주주의가 작동한다고 말할 수 있다. 말하자면 절차적 방법을 통한 실질적 문제의 해결 또는 개선이 그 핵심인 것이다.

그러므로 민주주의는 절차적·형식적 내용과 실질적 내용이 역동적으로 결합되어 있는 체제이며, 따라서 일차원적인 것이 아닌 복합적인 구조와 과정을 갖는 것이다.

평등의 원리를 핵심으로 하는 민주주의가, 불평등을 창출하는 자본주의와 항상적인 긴장 관계를 유지할 수밖에 없는 것은 당연한지도 모른다. 그리고 양자 간의 긴장 관계와 갈등은 민주주의 자체를 제약하는 원천이 되고 있는 것도 사실이다. 그럼에도 불구하고 양자 간의 갈등이 크건 작건, 민주주의는 건설적인 타협을 통해 보통 사람들의 사회경제적 삶의 문제를 해결하는 데 기여한 바 컸다.

민주주의는 자본주의 시장경제가 갖는 커다란 제약에도

불구하고 광범한 문제 해결의 공간을 가지며, 이는 민주 정부의 능력의 함수이기도 하다. 우리가 민주주의에 대해 이런 가능성을 기대하지 못한다면 민주주의에 대한 지지와 신뢰는 허약해질 수밖에 없다. 나아가 그 중심적 지지 세력으로부터 괴리되기 시작하는 민주주의는 그 취약함으로 말미암아 민주주의를 원하지 않거나 민주주의와 갈등 관계를 빚는 힘들에 의해 커다란 도전에 직면하게 될 것이다.

시민 생활의 실질적 향상에 기여하도록 민주주의를 발전시키는 일이 민주 정부의 책무라고 할 수 있음에도 그간의 민주 정부들이 그 책임을 다했다고 말하기는 어렵다. 민주화 이후 민주 정부들이 보여 준 모습은 그들이 민주주의의 핵심이라 할 대표-책임의 연계 고리로부터 상당 정도 벗어나 있다는 것이었다.

중산층과 서민을 대표한다고 자임했음에도, 민주 정부의 정책적 책임성은 그런 방향으로 나타나지 않았다. IMF 위기 이래 신자유주의적 세계화의 조건은 앞서 말한 바와 같이 사회 구성원들의 사회경제적 조건을 악화시켜 온 부정적 측면들을 포함하고 있다.

불행하게도 민주 정부들은 우리 사회의 위기를 불러오는 사회경제적 문제를 해결하는 데 이렇다 할 능력을 보여 주지 못했다. 이 문제를 다룰 수 있는 비전, 의지, 정책 대안의 부재가 반영하듯, 민주 정부는 과거 권위주의 정부에서와는 다른 대안적 경제정책을 갖고 있지 못했다. 그리하여 민주 정부들이 세계화라는 조건에서 보통 사람들의 삶의 조건을 악화시키는 데 앞장섰다고 말할 수는 없다 해도, 이를 방치했다는 것만은 분명하다.

그 결과 사회 양극화가 급속하게 심화되었다. 한편에서는 세계화로 재구조화된 시장경제 경쟁에서의 승자들, 거대 기업들, 정치인들, 사회 엘리트와 지식인, 그리고 주류 신문에 자주 등장하는 이들의 세계가 있다. 다른 한편에서는 시장 경쟁의 열패자 내지 탈락자들, 사회계층 구조의 하층에 위치하면서 점차 생산과 소비의 중심 영역으로부터 주변화되고 배제되어 가는 서민들의 삶의 세계가 광범하게 존재한다.

그간 우리 사회에서 이 두 세계 사이의 격차와 분리는 심화될 대로 심화되었다. 우리는 그동안 정치인들, 언론들이 '사회 통합'을 가장 중요한 가치이자 목표인 듯이 강조하는 소리를 듣는 데 익숙해 있다. 통합을 강조하는 정치적 담론에도 불구하고 우리는 이렇듯 분리되고 약화되어 가는 영역, 즉 시장에서뿐만 아니라 민주적 권리를 통해서도 대표되고 보호받지 못하는 한국 사회의 다른 영역에 대한 이해와 정책을 말하는 소리를 듣기 어렵다.

사회경제적인 문제가 정당들과 민주 정부에 의해 정치적

인 문제로 다투어지지 않는 한 오늘의 한국 민주주의는 한 발짝도 진전하기 어려울 것이다.

적극적이고 긍정적인 시민권

앞서 이야기한 대로, 의제의 범위에서 배제되는 '비결정'을 초래하는 요인은 두 차원이 있다. 하나는 외적 제약이다. 정부의 어떤 개혁적 의지·비전·정책이 외부의 강력한 헤게모니 세력으로 인해 정치적 이슈로 전환되지 못하고 좌절될 수 있다. 다른 하나는 내적 제약이다. 민주 정부를 포함해 개혁을 추진하는 사람과 세력이 실현 가능한 대안을 만들어 낼 수 있는 능력의 한계 때문에 정치 이슈화하지 못하고 개혁적 대안이 그 내부로부터 소멸하는 경우이다.

첫 번째 문제보다도 두 번째 문제에 주목하는 것이 필요하다. 이 문제는 민주화가 되었음에도 불구하고, 그리고 많은 사회적 요구들이 투입되어 왔음에도 불구하고 왜 권위주의 시대의 정책이 지속되는지를 이해하는 데 하나의 열쇠가 될 수 있기 때문이다.

영국의 정치학자 콜린 크라우치C. Crouch가 민주적 시민 내지 시민의 역할에 대해 제시한 두 가지 개념 구분, 즉 '긍정적/

적극적'인 것과 '부정적/소극적'인 것의 개념 구분은 우리의 논의와 맥락은 다르지만 시사하는 바가 크다.* 긍정적인 시민권 개념에서는 특정 집단이나 조직들이 스스로 집합적 아이덴티티를 발전시키고, 집합적 이익을 공유하면서 정부 정책에 자신들의 요구를 투입할 수 있는 능력을 독자적으로 형성한다.

반면에 비판과 불평을 중심으로 하는 부정적 시민 행위는 집권 세력과 정치인들에게 책임을 묻고, 이들에게 강력한 도덕적 기준을 요구한다. 부정적 시민 행위는 정치란 기본적으로 엘리트들의 일이고 시민은 관중이나 감시자의 역할에 만족할 뿐이라는 수동적 관점을 견지하는 경향이 있으며, 따라서 정치 계급에 대해 극히 공격적인 모습을 띤다.

이것이냐 저것이냐의 양자택일 수준에서 안티테제를 말하는 것은 상대적으로 쉽다. 민주 세력들이 집권함으로써 자신들의 희망과 기획을 실현할 기회를 갖게 되었을 때, 실천 가능한 대안을 통해 현실을 변화시키기 위해 노력하기보다는 쉽게 안티테제를 말하는 데 그쳤던 것은 운동에 의한 민주화가 가져온 무책임한 관성적 결과물일 수 있다. 즉 '긍정적' 시

---

* Colin Crouch, *Post-Democracy* (Cambridge: Polity Press, 2004).

민의 역할이 요구되는 시점에서도 여전히 '부정적' 시민으로서의 역할에 안주하는 모습을 보였다고 비판할 수도 있을 것이다.

오늘의 현실에서 신자유주의를 수용하느냐 하지 않느냐 하는 선택의 문제가 중요한 것은 아니다. 한 사람이 이론적 수준에서, 가치와 신념의 차원에서, 운동의 차원에서 신자유주의를 부정하는 것은 얼마든지 가능하다. 그러나 현실의 정책적 대안을 고민해야 하는 입장에서 신자유주의적 세계화는 싫든 좋든 이미 우리의 현실이 되었다. 따라서 우리가 관심을 가져야 하는 것은 그것이 한국 사회의 부문, 수준, 그리고 집단, 계층들에게 어떤 차별적인 영향을 미치고 있는가, 그리고 정책의 차원에서든 사회운동의 차원에서든 어떻게 대응해야 하는가 하는 문제들인 것이다.

혹자는 영미식의 신자유주의형 경제 모델에 대비되는 유럽식 복지국가 모델 혹은 일본형의 조율된 자본주의형과 같은 어떤 비자유주의적 자본주의경제non-liberal capitalism를 더 선호할지도 모른다. 따라서 한국의 민주 정부는 후자의 비자유주의적 모델을 선택하는 것이 더 바람직하다고 주장할 수 있다. 그러나 이런 제안이 현실의 대안이 되기 위해서는 무엇보다도 먼저 세계화라는 오늘의 조건에서 이론적으로 케인스주의 사회복지 국가 모델을 포함한 비자유주의 경제 이론이 존재

할 수 있는지의 문제가 검토되어야 할 것이다. 나아가 그것이 현실적으로 추진 가능하다고 할 때에도 고려해야 할 문제는 많다.

다른 무엇보다도 우선은 현재와 같은 자본의 자유로운 이동 및 무역자유화를 포함한 세계화라는 국제 환경적 압력과 조건, 재벌 중심의 경제적 생산 체제의 특성, 신자유주의적 시장 절대주의 및 성장 이데올로기의 영향력, 사회적 힘의 관계 등 여러 요소들이 연관되어 작동되는 안팎의 상황에서 정치적으로 취약한 민주 정부가 집권한다면 대안적 정책을 집행할 수 있는 능력이 얼마나 되는지를 검토해야 하고, 충분한 능력을 갖고 있지 못하다면 무엇부터 시작해야 할지의 문제들이 검토되어야 할 것이다.

좋은 말보다 실천적 조건을 중시해야 하는 이유

하나의 정책 대안을 만들기 위해 논의되어야 할 문제의 차원은 복합적이다. 먼저 무엇을 개혁할 것인가의 문제가 있다. 기존의 어떤 것이 개혁되어야 한다면 이를 대체할 대안적 처방은 무엇인가의 문제도 있다. 마지막으로 이를 실현할 수 있는 조건들은 어떤 것인가 하는 문제도 있다.

이처럼 우리가 직면한 사회경제적 문제의 구조와 성격을 밝히고, 어떤 모델이 우리의 모델을 발전시키는 데 준거가 될 수 있는가를 검토한 후에도 따져 봐야 할 문제들은 많다. 개혁의 범위를 어떻게 설정할 것인가? 한국의 현실은 어느 정도의 변화를 감당할 수 있는가? 개혁자들은 어느 정도의 정치적 능력이 있는가? 민주 정부는 국가 행정 기구들을 통솔하고, 새로운 개혁안을 수행할 능력을 갖고 있는가?

그간 야당과 진보 세력들은 격렬한 언사를 동원해 집권 세력과 보수 세력을 공격하거나, 독재로 회귀하고 있다며 사람들을 흥분시키는 태도로 일관해 왔다. 이런 태도는 상대에 대한 혐오의 감정이 얼마나 강한가가 진정한 진보를 가늠하는 척도인 것처럼 생각하게 만든다.

그러나 내가 볼 때 그런 종류의 공격에 시간을 허비할 수는 없다. 중요한 것은 지금의 정부를 대신해 집권하게 되었을 때, 무엇을 할 것인가에 관심을 집중하고 그것에 맞게 조직적 능력을 최대화하는 데 있다. 이를 통해 시민들로부터 유능함을 인정받고 신뢰를 얻는 것이야말로, 우리 사회의 공익에도 기여할 뿐만 아니라 선거 전략으로서도 더 효과적일 것이다.

추상화되고 도덕화된 반대 담론이 강해질수록, 정치의 방법으로 일을 성사시키는 '진지한 정치'는 필요치 않게 된다.

뜨거운 열정의 동원에 몰두하는 정치는 실제의 사회 현실과 괴리될 수밖에 없고, 당연히 내용적으로 더 얄팍해진다.

2012년 19대 총선의 가장 큰 특징은, '민주 대 반민주'의 대립 축을 불러들여 야권 연합을 성사시켰지만 기대했던 승리는 얻을 수 없었으며, 사회경제적 소외 세력의 소리는 대표되지 못했고 노동문제 역시 주요 이슈에서 배제됐다는 점일 것이다.

한미 FTA 폐기, 재벌 개혁, 보편적 복지 등 개혁적인 것을 넘어 급진적이기까지 했던 주장과 수사를 소리 높이 외쳐 댔던 것을 생각하면 커다란 패러독스가 아닐 수 없다. 그런 진보적 슬로건들이 무엇을 의미하는지는 제대로 정의되지 않았고 구체적인 정책 대안을 통해 실천 가능한 어젠다로 설정되지도 못했다.

유권자들은 정치 슬로건을 단순히 선악으로만 판단하지 않는다. 그보다는 그런 개혁 사안들을 야당이 실천할 능력과 진지함이 있는지를 점점 더 중시하기 시작했다. 2012년 19대 총선은 야당 세력이 집권당이 될 수 있는지에 대해 다수 시민들이 강한 의구심을 보여 준 대표적인 사례였다.

당신들은 누구를 대표하는가? 그에 기초해 어떤 한국 경제, 어떤 한국 사회를 만들려 하는가? 지난 실패를 딛고, 노동문제를 포함해 사회경제적 사안들을 좀 더 잘 다루고 유능하게 집행할 대안적 정부가 될 수 있는가? 지금 야당과 진보 세력이 대답해야 할 것은, 이 질문에 있다 하겠다.

강연

청년 문제는
노동문제이고 정치 문제다

|
이 글은 2012년 7월 26일, 최재천 의원실과 경향시민대학이 공동으로 주관하는
'제1차 민생고 희망 찾기 국회토론회'에서 강연한 내용을 정리한 것이다.

1. 청년 문제의 등장
_____역사상 최초로 사회경제적 문제로 등장한 청년 세대

오늘의 청년들은 불행합니다. '삼포 세대'라는 말, 즉 취업·결혼·출산을 포기한다는 의미의 이 말은 이들의 사회경제적 조건을 잘 집약합니다. 오늘날 청년들에게 있어 먹고사는 문제는 생존의 문제가 됐습니다. 무엇보다 취업 자체가 어렵습니다. 청년들은 대학에 입학하자마자, 그리고 대학 과정 내내 취업 경쟁에서 살아남기 위해 이른바 '스펙 쌓기' 과정에 들어갑니다. 이런 상황에서 대학 교육이 정상적으로 작동할 수 없고, 대학이 사실상 취업 준비소의 역할을 하게 되는 것은 필연적입니다.

대학의 서열 구조에서 상위에 속하는 소수의 대학을 제외

하고는, 하위 서열로 갈수록 학생들은 물론 전 대학 차원에서 취업 경쟁에 몰입하게 되고, 그 강도는 심해집니다. 그러나 이런 취업 준비와 취업 경쟁은 청년 문제의 한 범주라는 것을 이해하지 않으면 안 됩니다.

대학에 진학하지 못하는 동일 연령의 나머지 20~30퍼센트에 달하는 고졸자 및 그 이하 학력의 소유자들이 처한 상황은 훨씬 더 열악합니다. 그들은 비정규직, 중소기업, 하급 서비스 부문에서 노동자 및 피용자로 취업하기 위해 경쟁해야 하기 때문입니다.

현재의 젊은 세대를 과거 1980~90년대 민주화 운동 시기, 그리고 그 뒤 민주화 이행 초기의 젊은 세대와 비교할 때 차이는 분명합니다. 편의상 '386세대'로 통칭할 때(지금은 '486세대'), 이들은 사회경제적 문제를 직접적으로 대면하지 않았습니다. 민주화 운동이 끝나고 현실 생활로 돌아왔을 때 그들은 좋은 대학을 나온 엘리트 지식인들이기 때문에 취업은 문제가 되지 않았고, 중산층으로서의 사회경제적 지위도 보장됐습니다.

오늘날 민주화 운동 세대가 노동문제를 중심으로 한 사회경제적 문제와, 정당의 사회경제적 역할에 대해 관심을 덜 갖는 이유는 이런 배경과 무관하지 않습니다. 오늘의 젊은 세대는 곧바로 현실적인 사회경제적 문제와 씨름하지 않으면 안 되고, 취업과 생활 전선으로 던져진 최초의 세대라는 점에서

앞선 세대와는 확연히 구분됩니다.

　오늘의 젊은 세대는 정치, 즉 정치 참여를 통해서라도 자신의 문제를 해결하지 않으면 안 되도록 강제된 세대라고 할 수 있습니다. 이 점에서 2010년 지자체 선거는 젊은 세대 문제를 정치적인 이슈로 끌어낸 전환적 선거라 할 수 있습니다. 그 후 정치에 대한 20~30대 젊은 세대의 관심이 높아졌고, 이들은 선거 결과에 영향을 미치는 중요 집단으로 평가받게 되었습니다. 2012년 4월 총선과 12월 대선은 그 연장선상에서 이해될 수 있습니다.

2. 청년 문제의 원인
_____그것은 신자유주의 때문인가?

높은 실업률, 고용 불안정, 비정규직의 증가로 고통 받는 청년 문제는 신자유주의 때문인가? 대답은 그렇기도 하고, 그렇지 않기도 합니다.

　그렇다고 말할 수 있는 이유는 신자유주의로 통칭되는, 시장 근본주의 이념과 가치, 즉 경쟁·생산성·효율성을 중심으로 한 성장의 가치는, 취업, 고용 안정, 노동의 가치, 인간적 가치의 존중과 그런 가치들이 가져올 수 있는 분배의 형평성과 복지의 가치를 급진적인 방식으로 대체했습니다. 그리고 그것은 시장경제 영역뿐만 아니라, 모든 사회 운영 원리로 자리 잡았습니다.

그 결과 시장 경쟁의 승자에게는 엄청난 급부를, 열패자에게는 그에 반비례하는 불이익을 가져왔습니다. 이런 측면에서 청년 문제는 신자유주의가 주도한 성장의 필연적인 결과이고, 그것이 만들어 낸 새로운 사회집단이라고 말할 수 있습니다. 그러므로 청년 문제는 전 세계적 수준에서 공통적으로 발견됩니다. 청년 문제는 신자유주의적 성장의 산물입니다.

그렇지 않은 이유는, 신자유주의 때문이라고만 한다면 문제를 지나치게 단순하게 보는 것이기 때문입니다. 우선 중국의 산업화는 값싼 노동 인력을 거의 무제한적으로 공급하는 수원이 됐습니다. 이로 인해 선발 산업국가들의 경우 고용 인력을 흡수하는 전통적인 제조업의 경쟁력이 순식간에 떨어지고 고용 기회가 급격하게 축소되었습니다.

이런 환경에서 국가마다 노동의 가치를 최저 수준으로 떨어트리고자 하는 경쟁, 이른바 '바닥으로의 질주'가 가능해졌습니다. 이 문제는 지식·정보산업 및 과학기술의 발전, 그로 인한 생산의 자동화와 접맥되면서 노동력의 가치를 급격하게 떨어트리는 현상과 함께 진행되었습니다.

또한 이런 현상은 서유럽의 복지국가에서도 광범하게 나

타났습니다. 노동보호를 실현했던 유럽형 복지국가 체제와 일본의 종신 고용제, 노사 가족주의, 연공서열제를 중심으로 한 공동체적 노동시장 체제는, 복지 체제를 갖지 않은 나라에 비해 국제경쟁력의 약화와 노동시장 경직성이라는 부담을 안게 됐습니다. 노동시장 유연화가 세계적으로 영향력을 확대할 수 있었던 배경은 여기에 있습니다.

그로 인해 유럽 복지국가들과 일본조차도, 신자유주의적 노동시장 유연화를 부분적으로 수용하게 되었는데, 복지 체제와 노동보호 장치가 존재하지 않았던 한국에서의 노동시장 유연화는 유럽 복지국가와 일본에 비해 훨씬 더 급진적이고 약탈적으로 진행됐습니다.

오늘날 청년 문제는 안정적인 북부 유럽 국가들, 즉 네덜란드·독일·오스트리아·핀란드 등에서는 효과적으로 해결되고 있지만, 그렇지 않은 남부 유럽 국가들, 예컨대 스페인·이탈리아·포르투갈·그리스처럼 경제 기반이 취약한 국가들에서는 심각한 사회경제적 문제로 등장하고 있습니다.

한국 사회의 청년 문제는, 북부 유럽의 안정적인 복지국가 및 일본과 같은 선진적 경제체제를 갖는 국가군과, 불안정한 경제 기반을 갖는 남부 유럽의 취약한 국가군 사이에 존재한다고 할 수 있습니다. 이 국가들의 청년 실업률을 비교해 보면 이를 잘 알 수 있습니다.

3. 청년 문제를 어떻게 접근할 것인가?

고용의 확대와 성장이 병행하는 체제＿＿＿산업구조의 재구성

그동안 산업화 시기를 통해 학자들은 한국 국가를 이른바 '발전 국가'라고 불렀습니다. 그러나 20세기 말 혹은 21세기에서 그것은, (일종의 형용모순처럼 들리겠지만) "시장 중심적 발전 국가" 혹은 "시장 근본주의에 기초한 신자유주의적 발전 국가", "복지 없는 재벌 대기업 중심의 발전 국가"라고 부르는 것이 마땅합니다. 어쨌든 이 시장 중심적 발전 국가는 모든 사회경제적 자원을 재벌 대기업에 몰아주면서, 높은 성장률을 시현해 왔습니다.

이런 경제 운용과 성장 정책을 주도해 온 국가정책에 힘입어, 재벌 대기업의 급속한 성장이 가능했고, 그 성장에 힘입어 한국의 경제성장은 지금까지 지속돼 왔으며, 최근에 이르러 세계 경제대국의 하나로 부상했습니다. 하지만 이런 성장 일변도 체제는 사회적 양극화의 문제와 아울러, 청년 실업의 증가, 고용 불안정, 고용의 질 저하라는 부정적 효과를 동반하면서 청년 문제라는 새로운 사회경제적 문제를 창출했습니다.

오늘날 고용의 기여라는 측면에서 중소기업은 80퍼센트 이상의 노동 인력을 흡수합니다. 따라서 한국의 고용이 확대

되고, 고용의 질이 향상되기 위해서는 중소기업의 발전을 도모하는 것이 필수적입니다. 그것은 최저 생계의 한계선에 광범하게 산재해 있는 자영업의 규모를 축소하는 효과도 아울러 갖습니다.

중소기업의 강화는, 재벌 대기업의 하청 계열화로 위계적으로 조직화된 생산 체제를 개혁하는 데서 시작될 수 있습니다. 이를 위해서는 재벌 대기업과 중소기업 간의 생산 및 경제 활동 영역을 구분할 필요가 있습니다. 이 점과 관련해 우리는 독일의 '사회적 시장경제'로부터 배울 수 있을 것입니다. 현재 취업을 희망하는 청년들과 고용자로서의 중소기업 간의 '잘못된 짝짓기'mismatch는, 중소기업은 인력을 필요로 하고 청년들은 일자리를 구함에도 인력난과 청년 실업의 증가라는 모순된 결과를 가져왔습니다. 청년들을 위한 고용 증대는 중소기업에 취업하고자 하는 인센티브를 강화하지 않고서는 어렵습니다.

노동시장 이중구조의 개혁_____정규직·비정규직 노동자의 차별 해소

정규직·비정규직으로 노동시장을 각각 상위 노동시장과 하위 노동시장이라는 이중구조로 이원화함으로써 정규직·비정규직 노동자들의 차별을 제도화한 것은 한국 노동시장의 특징입니다. 선진적 노동시장을 갖는 국가들과 비교할 때, 특징은 두 가지입니다.

첫째, 비정규직 노동자들이 전체 노동자들의 절반에 이를 만큼 압도적으로 많다는 것, 특히 신규 채용에서 이 같은 현상이 두드러짐으로써 청년 노동자들 사이에서 그 비율이 증가한다는 것입니다.

둘째, 비정규직 노동자들은 같은 산업 및 업종의 같은 조건에서 같은 노동을 하는 경우에도, 임금이 정규직 노동자의 절반밖에 되지 않고, 기업 내 복지 및 공적인 사회보장을 통한 수혜에서도 배제됩니다. 청년 피용자들은 노동시장 이중 구조의 부정적 효과를 가장 직접적으로 떠안습니다.

여기에서 혼동하지 말아야 할 것은, 나의 주장이 비정규직을 철폐해서 모든 피용자를 정규직으로 전환해야 한다고 말하는 것이 아니라는 점입니다. 대규모 제조업 생산 체제가 아닌 지식·정보 기술 중심 생산 체제가 주도하는 오늘의 경제적 생산 체제와 국제경쟁력을 요구하는 경제 환경에서 노동시장 유연화는 피할 수 없는 요소입니다.

그러나 비정규직을 인정하는 문제와 정규직·비정규직의 차별을 제도화하는 것은 전혀 다른 문제라는 점이 강조되지 않으면 안 됩니다. 바꾸어 말하면, 비정규직을 인정하는 것이 필요하다 하더라도, 정규직·비정규직 간의 차별이 좋다든가, 차별을 인정해야 한다는 말이 아닙니다. 서구 선진 국가나 일본의 경우, 신자유주의 시장 원리를 노동시장에 확대 적용한 결과, 비정규직이 인정되었고 그 수가 증가해 온 것은 사실이지만, 정규직·비정규직 간 임금격차는 거의 없습니다. 한국의 경우도, 임금격차가 80~90퍼센트 수준으로 좁혀지지 않으면 안 됩니다.

최저 임금제도의 확충

지난가을 청년 문제에 대한 칼럼을 쓸 일이 있어서 몇 사람의 청년유니온 구성원과 인터뷰를 한 적이 있습니다. 직업을 찾는 청년, 여러 가지 이유로 안정적인 직업을 갖기 이전의 청년, 대학생, 갓 졸업한 대졸자 등 20~30대 초반 청년들의 일자리는 압도적으로 임시직 또는 비정규직 시급 노동이 대부분이었습니다.

이런 범주의 노동을 '알바'라고 통칭할 수도 있는데, 그러므로 이 청년들은 대체로 '알바 노동자들'이라 할 수 있습니다. 즉 임금의 단위가 시간으로 계산되는 직종입니다. 이들의 수입을 결정하는 절대적인 단위는 최저임금입니다. 그러나 이들의 최저임금은 독신 생활마저 꾸려 나가기 어려울 만큼 지나치게 낮습니다.

시급을 받는 알바 노동자들이 가족에 의지할 형편이 안 되는 경우, 이들의 생존은 크게 위협을 받습니다. 즉 빈궁한 가정 배경의 청년들은 먹고사는 것 자체가 어렵기 때문에 빈궁함이 빈궁함을 창출하는 것입니다. 그러므로 시급으로도 최소한 1인 생활이 가능한 수준의 임금이 제공되지 않으면 안 됩니다.

    현재와 같은 시간당 4천 원대의 최저임금으로는 최소 수준의 독립적인 생활 자체가 불가능합니다. 최저임금은 청년들에 대한 최소한의 복지라고 할 수 있습니다.

교육개혁_____기술 교육제도의 확충을 통한 공급 측면의 노동력 향상

최근 한국 사회에서 경제민주화와 복지국가는, 그것이 현실적으로 실현되든 그렇지 않든 시장 경쟁 원리에 입각한 성장 유일주의가 지배했던 지금까지의 경제 및 생산 체제에 일정한 변화를 가져올 수 있는 정치적 이슈로 제기되고 있습니다. 아직까지 그것은 거대 담론의 수준에 머물러 있으며, 그 내용을 채워 가는 문제에 대해서는 이제 다만 시작 단계에 불과합니다.

    청년 문제와 관련해 경제민주화와 복지국가의 개념과 내용은, 국민 일반에 대한 것과는 차이가 있을 수밖에 없습니다. 청년 문제와 관련해서 복지의 개념은, 전통적인 케인스주의적 수요 창출 중심의 소득 이전이나 노동보호 및 사회보장보다, 훌륭한 노동 기술 인력의 공급이라는, 공급 측면에서의

노동력의 질적 확충이 더 중요합니다. 노동시장에 새로 진입하는 청년들에게 기술교육을 제공하는 제도를 만들고, 이를 확대하는 것만큼 중요한 것은 없습니다.

오늘날 한국의 교육제도는 유럽의 복지국가들과는 달리 '일반교육'이 대학 교육의 중심축을 이룹니다. 이런 교육의 모델 사례는 두말할 것도 없이 미국입니다. 이 점에서 한국은 미국 교육제도의 복사판이라 할 수 있습니다. 이 문제를 살펴보기 위해 노동경제학자와 정치경제학자들이 말하는 교육제도 문제에 대해 간략히 언급할 필요가 있을 것 같습니다.

제도주의적 접근을 통해 자본주의의 다양한 유형에 초점을 두고 연구하는 정치경제학자들은, 다른 종류의 생산을 위한 시장 전략과 관련해 기술을 세 종류로 구분합니다. 즉 ① 기업에 특수한 기술firm-specific skills, ② 산업에 특수한 기술industry-specific skills, ③ 일반 기술general skills을 말합니다.

이들은 시장이 필요로 하는 기술적 특성skill profile에 기초한 것으로 시장 전략에 대응해 구분한 것입니다.* 이런 분류는

---

* Margarita Estevez-Abe, Torben Iversen, and David Soskice, "Social Protection and the Formation of Skills: A Reinterpretation of the Welfare State," Peter A. Hall and David Soskice eds., *Varieties of Capitalism : The Institutional Foundations of Comparative Advantage* (Oxford U.P., 2001).

이미 1960년대 초 미국 노동경제학자 게리 베커Gary Stanley Becker 가 선구적으로 연구한 바 있는 이론의 연장선상에서 발전된 것입니다.

풀어 말하면, 한국의 교육제도는 산업 특수적이거나, 기업 특수적인 기술교육을 필요로 하는 시장에 대응하기보다 여러 산업과 직종을 가로질러 가치 있는 지식과 일반 기술을 교육하는 대학과 대학원 교육에 집중돼 있습니다. 이런 교육은 지식·정보 산업 발전에 필요한 유연 노동시장에 대응하는 데는 장점이 있지만, 여러 다양한 형태의 산업에 필요한 지식과 기술을 훈련하는 데는 효과적이지 못합니다.

한국의 일반 기술 중심의 교육제도는 대학을 서열화함으로써, 고급 서비스산업 부문이나 지식·정보 산업에 필요한 인력을 공급하는 데는 경쟁력을 갖지만, 그 경쟁에서 탈락한 압도적 다수의 대졸자들의 인력을 낭비하는 부정적 효과를 갖습니다. 경쟁력을 갖는 대학에 입학하기 위한 경쟁도 치열하지만, 최상위 대학의 대졸자들이 좋은 직장, 직종에 취업하기 위한 경쟁 또한 살인적입니다.

그로 인해 압도적 다수의 나머지 고급 인력은 경쟁에서 탈락하는 열패자의 지위를 면치 못합니다. 이런 조건에서 대학의 서열화는 노동시장에서의 좋은 직종과 직업의 위계 구조에 대응하는 것이기 때문에, 대학 서열화를 없애고자 하는 방법만으로는 고쳐질 수 없는 필연적인 문제가 됩니다.

오늘날 대학 교육을 한편으로 하고, 직업훈련 교육을 다른 한편으로 한 이원적 교육제도를 발전시킨 모델 사례로서 우리가 독일로부터 배울 수 있는 것은 많습니다. 그리스·스페인·이탈리아에서 15~24세 사이의 청년 실업률이 최근 급격히 증가해 현재 각각 50퍼센트 초반대, 50퍼센트 초반, 30퍼센트 중반에 이르고, 유로존 국가의 평균은 22퍼센트에 이릅니다.

그러는 동안 독일은 2004년 16퍼센트에 이르던 실업률이 이후 지속적으로 하락해 지금은 (네덜란드·오스트리아와 함께) 8퍼센트대라는, 유럽 최저의 청년 실업률을 기록하고 있습니다. 미국의 청년 실업률은 독일의 두 배 이상입니다.

독일의 실업률이 낮은 데는 여러 요인이 있겠지만, 그 최대 공로자는 직업훈련 교육이라고 외신은 전합니다. 독일의 경우, 2011년 직업훈련 교육의 피교육자 수는 57만 명, 대학에 등록한 학생 수는 52만 명입니다.* 즉 대학을 가지 않고, 직업훈련 교육을 통해 직업을 갖는 청년 수가 더 많다는 통계입니다.

• "German companies set gold standard for apprenticeships," *Financial Times* 2012/07/10.

최근 들어 한국도 여러 특수한 기술을 필요로 하는 직종에 대응해 전문대학이 증가하고 있고, 졸업 후 취업이 보장되는 전문대학의 경쟁률이 높고, 또 가정 형편이 어려운 자녀들에게 인기 있는 전문적 직업교육이 점차 증가하고 있음을 봅니다. 이는 분명 바람직한 현상입니다만, 이런 경향이 전체 교육제도와 노동시장에 미치는 영향은 아직 평가할 단계는 아닙니다. 그렇게 되기까지 가야 할 길은 멉니다. 대학 교육제도의 변화는 청년 문제를 해결하기 위한 필수적인 개혁 과제가 아닐 수 없습니다.

4. 정치적 이슈로서의 청년 문제
_____누가 어떻게 해결할 것인가?

오늘날 청년들이 처한 국내의 사회경제적 상황과 세계경제의 위기 상황을 바탕으로 거시적 대안을 말하는 것과, 이를 구체적으로 실현할 수 있는 개혁 프로그램을 만들고, 정치적 반대 세력과 협상하고 타협해 합의를 이끌어 냄으로써 일정하게 청년 문제를 해결하는 것은 전혀 다른 문제입니다. 전자가 학자·지식인·전문가들이 할 수 있는 일이라면, 후자는 정당과 정치인, 그리고 정치적 리더십이 할 수 있는 일입니다.

오늘날 청년 문제는 시민사회의 공적 논의의 장으로부터 정치사회에 이슈로 등장하려 하는 경계선에 있습니다. 2012년 4월 총선은 청년 문제가 처음으로, 그리고 본격적으로 제기될 수 있는 중요한 계기였습니다. 그러나 매우 흥미롭게도, 총선 이전에 민주통합당 일각에서 제기되었던 청년 문제 이슈는, 정작 선거 과정에서는 그전까지 떠들썩했던 것과는 달리 흔적도 없이 사라져 버렸고, 지금은 화려한 담론과 슬로건의 잔치로 끝나 버리고 말았습니다.

청년 문제는 민주통합당과 통합진보당의 비례대표로 청년 문제를 대표할 한두 사람이 국회에 들어가는 정도로 축소되면서 이슈가 전치轉置되는 것으로 끝났습니다. 그리고 대선을 앞두고 있는 지금은 청년 문제라는 말 자체를 듣기가 어렵습니다.

청년 문제는 어디에 있을까요? 경제민주화, 복지국가, 재벌 개혁이라는 슬로건으로 흡수된 것일까요? 그러나 청년 문제란 앞에서 말했듯이, 거대 담론의 내용을 구성하는 문제 영역으로서 논의될 수는 있겠지만, 그 자체로서 한국 경제가 직면하고 있는 하나의 독립적인 문제입니다.

또한 청년 문제가 새누리당의 재벌 개혁 프로젝트에 포함될 수 있는 이슈는 더더욱 아닙니다. 왜냐하면 새누리당의 재벌 개혁 슬로건은, 기본적으로 위로부터의 개혁 프로그램이기 때문입니다. 따라서 그 문제가 발원하는 사회경제적 조건에 기초를 가지고, 그들 이해 당사자 집단들이 스스로가 정치과정과 정책 결정 과정에 참여해 자신들의 소리를 낼 수 있는 접근이라고 보기는 어렵습니다.

청년 문제는 그 자체로 이슈가 되고 정책 사안이 되지 않으면 안 됩니다. 앞에서 말했듯이 청년 문제는, 성장 정책, 산업 및 고용구조, 재벌 대기업과 중소기업 간의 관계, 노동시장 구조, 정규직·비정규직 구분에 의한 노동시장 이원화, 대학 교육, 그리고 경제민주화, 복지, 기업 내 구조와 문화로서의 직장 환경, 결혼, 출산과 육아 문제, 인구정책 등 연관되지 않은 분야가 없을 정도로 광범하고 다층적입니다. 그것은 경제적인 문제이면서, 동시에 사회적인 문제이기도 합니다. 그러나 청년 문제의 다층적 구조를 드러내기 위해서라도 먼저 정치적 의제를 만들어야 합니다.

권력의 향배를 결정하는 대통령 선거에서 청년 문제가 각 정당과 대통령 후보자들의 중심적인 캠페인 이슈가 되어, 다음 정부에서 이 문제가 정치적 방법으로 일정하게 다루어지기를 소망해 봅니다.